U0020729

藍學堂

學習·奇趣·輕鬆讀

BUILDING A SECOND BRAIN

A Proven Method to Organize
Your Digital Life and Unlock Your Creative Potential

打造
第二大腦

多一個數位大腦，
資訊超載時代的高效能知識管理術

數位知識管理一哥

提亞戈・佛特 Tiago Forte 著

陳文和 譯

目錄
CONTENTS

第 1 部

基礎
了解可能性

第 2 部

方法
CODE 四大步驟

第 3 部

改變
付諸實踐

各界推薦

一本寫得很棒、深具說服力又有用的手冊。

——大衛・艾倫（David Allen），

《搞定》（*Getting Things Done*）作者

我今年最喜歡的書之一，徹底改變了我對訊息的看法，以及我做筆記的方式與原因。

——丹尼爾・品克（Daniel H・Pink），

《動機，單純的力量》（*Drive*）作者

從事困難、創造性工作的必讀之書。我們都苦苦掙扎於想法太多，但卻沒有付諸行動的系統。提亞戈創造了一個在資訊超載時代保持領先的架構。

——史考特・楊（Scott H・Young），

《超速學習》（*Ultralearning*）作者

佛特的想法真的管用。

——塞斯・高汀（Seth Godin），

《這就是行銷》（*This Is Marketing*）作者

閱讀本書感覺像獲知一大秘密。提亞戈提供了強效、優雅又深刻的人性化解決方案，讓我們得以面對那些最艱難的挑戰，力圖為數位時代賦予意義。對於個人知識管理感興趣的讀者們，這是不容錯過的好書。

──瑞德・卡洛（Ryder Carroll），

《子彈思考整理術》（*The Bullet Journal Method*）作者

我們都應當關切如何提升數位工具的效能。提亞戈的書對此提供了絕佳指引。本書有助於你以更高效的方法組織資訊，從而拿出更佳工作成果。

──希蒙・拉斯特（Simon Last），Notion 共同創辦人

本書促使你重新思考知識與你的關係。提亞戈的方法是提升自我表達能力的典範轉移之作。讀過之後，你將能專注於真正重要的事情：連結各式想法並產生種種洞見。

──安妮—羅荷・樂・康芙（Anne-Laure Le Cunff），

Ness Labs 創辦人

提亞戈這本著作改變了遊戲規則。《打造第二大腦》使我的人生徹底轉變。他提及的工具與技巧能夠提升任何人的生產力、創造力和專注力。

──阿里・阿布達爾（Ali Abdaal），

劍橋學霸 YouTuber、醫師和企業家

世上充斥著洶湧襲來的無數資訊，因此我們需要一個組織和取用資訊的系統。很幸運地，提亞戈為我們承擔了一切艱難的工作，並提供給我們組織與取用資訊的方法。

——諾亞・凱根（Noah Kagan），AppSumo 創辦人

提亞戈精通組織之道，他的著作《打造第二大腦》是想在網路時代成功的人的終極指南。對於所有寫作者，我唯一推薦提亞戈發展的第二大腦系統。讀完本書後，你將更加沉著穩重、更富創意並更具生產力。

——大衛・普瑞爾（David Perell），Write of Passage 創辦人

熱情經濟是全球企業新一波重大浪潮之一，而培植與加倍個人知識管理能力是搭上這波浪潮的關鍵。提亞戈此書是關於如何在線上創新園地獲致成功的絕佳入門書。

——李津（音譯，Li Jin），Variant 公司共同創辦人與普通合夥人

打造第二大腦絕不只是另一個提升生產力的方法，更是管理現代生活複雜性的生存指南。

——克里斯・古利博（Chris Guillebeau），
《一百美元新創公司》（*The $100 Startup*）和
《追尋吧！過你夢想的人生》（*The Happiness of Pursuit*）作者

提亞戈是生產力新紀元新思考方法的代表性作家。

——法蘭西斯柯・達雷希歐（Francesco D'Alessio），
YouTube「維持生產力」（Keep Productive）頻道主持人

推薦序

你也可以成為數位超人

張永錫

你曾經想像過成為「數位超人」嗎？這樣的人可以：

將手機與電腦的 Apps 變成當下專案高效工作的訊息流（C 捕捉）；

電腦檔案隨找隨到（O 組織）；

閱讀大量網頁或 PDF 文字，快速萃取成為洞見（D 萃取）；

藉由中間產物封包概念快速創作及協作你的作品（E 表達）。

這本《打造第二大腦》說出了成為數位超人的密碼（CODE），

只要好好實踐，你，也可以成為數位超人。

C 捕捉（Capture）

不知道你是否和我一樣有個困擾？

明明手機和電腦中有數十、上百的優異的工具 Apps，卻缺乏好的分類方式，簡化輸入、組織、輸出的流程，本書作者講出訣竅，就是：整合電子書 App、「稍後閱讀」App、數位筆記軟體、社群媒體、網頁截圖 App、語音轉文字 App……等工具，組成你的第二大腦，為你捕捉資訊，化為強大的超能力。

依照作者思緒，整理出第二大腦後，發現手機及大腦裡的 Apps 成為流向清楚的訊息流，我的左腦負責時間管理，右腦則是創作腦（寫文章、演講、拍 YouTube），這個發現，幫我大幅優化工作流程。

O 組織（Organize）

作者早年曾在 Apple Store 工作，常常服務剛買蘋果電腦、想要把舊電腦的 Windows 檔案總管整份資料搬過來的用戶。他在這個問題上吃盡苦頭，終於體會到用戶並「不需要井井有條的電腦」，而是要解決當下的目標或推進手上的專案。

於是，他採用不同方法：把下個客戶的 Windows 電腦所有檔案全部搬移到新蘋果電腦上，並建立「檔案庫」的資料夾，加註日期（比如說，檔案庫 2-2-23），他在二十分鐘內就解決問題，而客戶居然非常滿意。以此為基礎，他逐漸發展出 PARA 系統：

一、P 專案：職涯或人生中正努力進行的短期任務。

二、A 領域：想要逐步掌理的長期責任範圍。

三、R 資源；未來可能用得到的題材或旨趣。

四、A 檔案庫；來自其他三大類以外的備而不用事項。

D 萃取（Distill）

我常需要幫新出版書籍寫推薦序，以往都是用 Apple Pencil 在 PDF 批注，效果不彰。本書的「累進式摘要法」解決了長年的困擾，作者藉著不同的摘錄格式，例如粗體（bold，PDF 中可以用底線〔underline〕替代）、螢光筆（highlighting）、注釋（comment）作為標記符號。

第一次閱讀，用粗體標示文件中的重點；第二次閱讀，用螢光筆標示一兩句全文中的精髓字句；最後在注釋添加罕見且有獨特價值的資訊。

　　有了這個方法，彷如打通了從讀者到作者的任督二脈，讓寫推薦序過程更加愉悅。

E 表達（Express）

　　中間產物封包（Intermediate Packets）：每個專業在完成最終工作的過程都有各自版本的「中間步驟」，即為中間產物封包。

　　中間產物封包有如樂高積木，讓我們更有創意，更容易協作，最後創作出更有價值的內容。不論是歌手、作家、YouTuber、Podcaster等，都能藉由這些方法，輕鬆展現自己的才華。

結局

　　我相信，你只要掌握了 CODE 四大步驟，一定能夠在資訊過載時代，管理好大量資訊，運用好第二大腦，展現出亮麗的成果。

　　這本書能幫助你：「只要你相信你是數位超人，你就可以成為數位超人。」

　　　　　　　　　　　（本文作者為時間管理講師，YouTube 頻道：張永錫）

推薦序

大腦是用來「創作內容」
而非「儲存資訊」

薑餅資

　　自從我開始經營和時間管理、工作效率與自我成長相關的
YouTube 頻道之後，需要不斷吸收、整理資訊，自己消化後再分享給
我的觀眾。但是在創作過程中，我遇到最大的問題就是這些資訊都太
碎片化，而且散落在筆記的不同地方，在缺乏統整的情況下，筆記往
往無法發揮作用，導致我在製作影片時必須重新收集資料，浪費了許
多時間。

　　除了 YouTube 外，我還有正職工作，時間的壓縮讓我重新思考該
如何更有效率和系統地整理所有的筆記和想法，以更好地兼顧正職和
YouTube 創作，在需要影片素材時，只要消化平時累積的筆記內容即
可。

　　尋找答案的過程中，我很幸運的閱讀了提亞戈·佛特的《打造第
二大腦》這本書。在實際將書中提到的方法應用到我的生活中後，我
發現它為我帶來三個很重要的改變：

1. 思考做筆記的目的

　　以前我在做筆記時，只有想著要記錄這個資訊是從哪裡看到的，
以方便以後使用時可以輕鬆找到原文，但卻不曾思考過要拿這則筆記

做什麼，導致這些筆記幾乎沒有再拿出來使用。而作者分享一個很棒的觀念：「與其記錄這則筆記從何而來，應該思考這則筆記能讓你產生什麼行動」，因為我們做筆記最終的目的，是希望可以做出改變，讓生活更好。改變自己對於筆記的想法後，我在閱讀資訊時也思考的更深入，不只是被動接受資訊，也更加主動思考眼前的訊息對於自己的意義，而這也讓我的筆記更加靈活且有系統。

2. 建立筆記流程

　　我發現生活中有很多點子，常常在意想不到的時候出現。可能是從一本書看到一個很有共鳴的觀念，或者是腦中突然閃過一個很棒的想法，但我以前都沒有習慣把這些想法記錄下來，導致想法白白溜走。直到學習了《打造第二大腦》的筆記流程——「PARA」和「CODE」，我現在做筆記的時候，只要照著這個流程，就可以很有組織地把筆記分類到該去的地方，並且輕鬆的捕捉、整理、提取和輸出內容。

3. 累積個人知識庫

　　這本書為我帶來最大的改變，就是它幫助我建立「個人知識庫」來存放平常收集到的想法，讓我現在創作時不再是從零開始發想和收集資訊，而是直接從我的個人知識庫尋找和整理現成的材料，不但大大減輕創作的壓力，也提升影片內容的品質。

　　這三個改變使我不再只是被動地接受資訊、儲存了一大堆資訊卻

不知道該怎麼用，而是變成主動吸收、分類和提取對我來說重要的資訊，讓我得以持續創造有價值的內容以外，也成為一位更能批判思考的讀者。所以在收到商業周刊邀請我為這本書寫推薦序的時候，真的感到非常榮幸，也很開心這本書出中文版，讓更多讀者有機會學習更有效率的記錄與利用閱讀過的資訊，讓閱讀與生活的關係更為緊密，帶來期望的正向改變。

（本文作者為知識型 YouTuber）

推薦序

為什麼我們需要「第二大腦」？

雷浩斯

為什麼我們需要「第二大腦」？

現代人有種病叫做「手機痴呆症」，每個人都離不開手機，但因為手機上有大量的資訊，讓你的大腦因為資訊超載而疲乏、過於勞累，導致大腦提早老化，使你經常忘記一些事情。

例如：忘了某個人的名字、忘了某些數字的計算……這種症狀和老年痴呆症很接近，所以稱為手機痴呆症。

本書作者曾經因為意外生病，而讓他短期失憶，腦力退化，醫生診斷不出毛病，而認為是他的大腦有問題，他在沮喪的狀況下開發出這套建構「第二大腦」的技術，用來協助自己處理資訊。雖然我們沒有因為意外生病，但是「手機痴呆症」也開始困擾很多人，包含我在內。

我一直很認真研究如何增進大腦的能力，大抵而言有飲食、運動、工具、思維四個項目。四個項目相輔相成，缺一不可，其中能幫助最多人的一項就是「工具」，也就是本書的目的。

這本書引導你打造「第二大腦」，這第二大腦等於是替你建立了一個外掛，用來處理人生的瑣碎資訊和網路雜訊。

很多人會抱怨容易忘記事情，但大腦本質是設計成思考用的，而不是記憶用的。只要你建造一個數位知識庫，把這套系統外掛到你的

生活之中，你就不需要擔心忘東忘西，因為隨時都能找到。

建構第二大腦有四個要點：

1. 獲取：吸引共鳴的資訊
2. 組織：專案、領域、資源、檔案庫
3. 萃取：將引發共鳴的筆記做四層優化，發送給未來的自己
4. 表達：展示你的成果

透過這四個要點，你可以開始透視所需要的資訊，並且化被動為主動。你成為資訊的掌控者，讓自己的第一個大腦做該做的事情，也就是思考和策劃；第二大腦成為個人助理，你可以無比信任這個可擴充系統。

書看到一半的時候，我忍不住用書中的方法開始整理自己的數位工具。

我平常就用 iPhone 的備忘錄功能來協助記憶，再看了本書「組織」章節後，我就使用書內提供的方法優化 iPhone 備忘錄。

而「萃取」這個章節更有助於增進資訊筆記的能力，可以用來優化蒐集到的網路好文，並且快速的得到精華摘要。

很多人會等到自己的系統完備才會開始，但是作者提醒：採取行動才能改變你的生活。

你不必在一切完備、盡善盡美的時候才使用第二大腦，而是要馬上開始執行。當你開始使用第二大腦的時候，你的第一大腦也隨之應變。

　　只要確切的執行這些有益的項目，你就能避開本文一開始所說的「手機痴呆症」，你開始用手機來創造價值，而非消磨時間，或受過多的資訊摧殘。

　　這本書提醒我很多重要的秘訣，相信也能帶給你幫助，你會有一種整理房間過後的輕鬆愉快感，這能讓你對掌握生活更有信心！

（本文作者為價值投資者／財經作家）

引言

第二大腦的前景

你常努力想記住重要事情，卻心有餘而力不足？

例如，記不得能夠說服人支持你論點的某項事實；或是開車或乘車途中萌生高明的新點子，卻在抵達目的地時忘得一乾二淨；或者總是想不起來讀過的書或文章裡的要點？

隨著可取用的資訊與日俱增，這類經驗更是層出不窮。我們對日新月異的資訊和不可勝數的建議應接不暇，儘管它們可能讓我們變得更聰明、健康和快樂，但是富含海量訊息的書籍與文章、播客節目及影片，遠遠超過我們所能消化吸收。我們獲取這一切知識究竟所為何來？我們擁有或領會的出色想法有多少已從腦海銷聲匿跡？而在此之前，我們甚至沒有機會把構思付諸實踐？

我們投注不計其數的時間閱讀、觀看和傾聽他人談論我們應當怎麼做，該如何思考、過生活，但相對地，我們很少致力於實際應用這些知識，將其化為己有。多數時候我們只是「資訊囤積者」（information hoarders），雖然儲存了數不勝數的立意良好的數位內容，最終卻只是徒增焦慮和煩惱。

這本書努力解決這一切問題。各位都明白，我們從網路和各種不同媒體讀取的資訊不是全無用處，很可能至關緊要而且富含價值。問題是我們時常在不對的時間閱覽那些內容。

　　你正在閱讀的商業文章符合現時需求的機率有多高？播客訪談節目的洞見能夠立即付諸實行的機率是多少？你的電郵收件匣裡有多少郵件確實必須馬上點閱？很可能的是，某些的確和當下休戚相關，而多數則要等到未來某個時間點才會變得有意義。

　　為了善用珍貴的知識，我們需要一種方法來打包這些資產，好寄送給未來的自己。我們亟需對策以悉心照料自己專屬的知識園地。唯有如此，當機運來臨時，不論是轉換工作、做大型簡報、發表新產品、開創新事業或是組建家庭，我們將能取用所需的智慧寶庫，好做成優質決策，進而採取最有效益的行動。而這一切都始於這個把事情寫下來的簡單舉動。

　　我將讓你明白，做筆記這個簡便的習慣是「打造第二大腦」（Building a Second Brain）系統的首要步驟。而這個系統仰賴的是「個人知識管理」（Personal Knowledge Management，簡稱 PKM）領域的最新進展。＊個人電腦為我們與科技的關係帶來了革命性變化。個人理財改變了我們管理財務的方式，個人生產力重塑了我們工作的模式，個人知識管理則有助於我們善用資訊的一切潛能。儘管不斷推陳出新的科技與強大的應用程式為我們開創了諸多新機會，本書講授的課題都是建立在種種恆久不變的原則上。

　　本書將教會你：

＊　PKM 浮現於圖書館開始連上網路的一九九〇年代，旨在幫助大學生處理他們突然得以取用的大量資訊。它是「知識管理」的個人版。而「知識管理」主要研究企業與其他組織運用知識的方法。

- 迅速找出學習過、接觸過或思考過的任何資訊。
- 管理知識並且孜孜不倦地用來推進專案和目標。
- 保存最佳思維，而且一次到位。
- 連結生活中各不同領域的思維與關注模式，以體會更優質的生活方式。
- 採用可靠的系統幫助你更自信且輕鬆地分享成果。
- 在確知可信任的系統持續追蹤所有細節的情況下，「關掉」工作模式並放鬆自己。
- 花更少的時間找東西，用更多時間做好自己擅長且最富創意的工作。

　　當你改變與資訊的關係，將開始明白科技不只是一種儲存媒體，更是一項思考工具。科技就像是心智的腳踏車，*一旦我們學會善用，科技將強化我們的認知能力，並使我們加速朝各項目標前進，而且速度遠快於一己之力所及。

　　我將在書中教你如何創造一個知識管理系統，或者說「第二大腦」。†不論你是否像我的某些學生那樣，把它稱為「個人雲」（personal cloud）、「田野筆記」（field notes），或是「外部大腦」

---

* 史帝夫・賈伯斯（Steve Jobs）率先使用了這個比喻來描述個人電腦的未來潛能。

† 這類系統還有其他普及的名稱，當中包括「卡片盒筆記法」（Zettelkasten，德國具影響力社會學家尼克拉斯・魯曼〔Niklas Luhmann〕創造的名詞）、「記憶延伸」（Memex，美國發明家萬尼瓦爾・布希〔Vannevar Bush〕創立的名詞），以及「數位園地」（digital garden，高人氣線上創作者安妮－羅荷・樂・康芙〔Anne-Laure Le Cunff〕提出的名詞）。

（external brain），它就是你典藏最珍貴記憶、想法與知識的數位檔案室，可助你完成工作、經營事業、管理生活，而不須把所有細節記在腦中。「第二大腦」就像是口袋裡的個人圖書館，可幫你想起所有值得記住的資訊，能夠達成你渴求的任何目標。

我相信，在當今的世界裡，個人知識管理是最根本的挑戰，也是最不可思議的契機。每個人都亟需一個系統好管理不斷灌入大腦、有增無減的海量資訊。無數學生、行政人員、企業家及經理人、工程師和作家，以及各行各業人士，探尋著更具成效、獲授權賦能的人與資訊關係，而我聽到了人家的心聲了。

當我們學會使科技發揮槓桿作用的方法，以及精通如何主宰資訊流，我們將更具能力，並達成我們決心做到的任何事情。與此同時，持續仰賴脆弱大腦的人在生活複雜度有增無已的情況下，將愈來愈不知所措。

我長年研究昔日的多產作家、藝術家和思想家如何管理創作過程，還投注無數時間觀察人們如何運用科技來擴展和增益天賦的認知能力。我更親身借助各種工具、訣竅、技法進行實驗以理解資訊。

我領悟到落實構想的最佳方法，把它傳授給全球各地成千上萬的人，更萃取了長年教學經驗的精髓，寫成本書分享給大家。

只要掌握了第二大腦，你就能全面開啟創新力和內在潛能。在你忘東忘西時，將有一套系統給予你奧援，而當你強大時，它會使你如虎添翼。你將在工作、學習和創作上大展身手，而且不會再像過往那樣精疲力竭，壓力也會大幅紓解。

　　下一章將講述我打造「第二大腦」過程親歷的故事，以及我一路學習第二大腦建構方法的歷程。

第 1 部

基礎
了解可能性

第 1 章

追本溯源

大腦不是用來記事情，而是想事情的地方。
—— 《搞定》（*Getting Things Done*）一書作者大衛‧艾倫（David Allen）

在大學三年級那年春季某一天，我開始不明原因感到喉嚨輕微疼痛。

我以為這可能是流感的第一個病徵，而醫師找不出我喉嚨痛的任何原因。接下來幾個月，狀況持續緩慢地惡化，於是我陸續看了其他幾位更專門的醫生。他們全都得出相同的結論：你沒病。

然而，我的疼痛不斷加劇又無治療之道，最終竟然嚴重到說話、吞嚥或大笑都困難的程度。我接受了所有想得到的檢驗和掃描，不顧一切尋找身體不適的肇因。

隨著歲月流逝，我對於找出解脫方法逐漸失去信心。我開始服用能夠暫時緩解疼痛的強效抗癲癇藥物，而那種藥有可怕的副作用，包括使身體各處逐漸失去感覺，還會造成嚴重的短期失憶問題。在此

期間，關於旅行和閱讀的記憶，以及與親人的珍貴經歷，都從我腦海中被抹除，彷彿未曾發生過。我當時二十四歲，心智卻像是八十歲老人。

當自我表達能力日漸退化時，我從氣餒轉變成絕望。在不能隨心所欲地說話後，我熱中的友誼、約會、旅遊、發展事業等，似乎都悄然離我遠去。感覺像是有機會一展鴻圖之前，我的人生舞台就拉下了黑色帷幕。

轉捩點：發現寫筆記的力量

有一天，當我在一家診所候診時，突然有了頓悟。我霎時領會到自己面臨重大抉擇。我可以從這天開始肩負起自身的健康和療癒責任，或把餘生耗用於穿梭群醫之間卻永難找出解方。

於是我拿出記事本，著手寫下所感所想。我首次以自己的觀點、用個人的文字記述自身病況歷程。我臚列那些有所助益和毫無幫助的療法。我寫下自身想要與不想要的事物、自願與無意犧牲的一切，以及擺脫疼痛的桎梏對於個人的意義。

隨著自身的健康故事在紙上逐漸成形，我領悟到自己必須有所作為，於是毅然起身走向接待人員，向她索取我的完整病歷資料。她疑惑地看著我，但在我回答了一些問題之後，她轉身找出檔案並著手為我複印。

鑑於病歷厚達數百頁，我自知永難記住這些書面資料。於是我掃描每頁紀錄，將它們轉化成能被搜尋、重新整理、加上註解和分享的

數位檔案，儲存於家裡的電腦。我成為自身健康狀況的專案管理師，把醫生告知的一切整理成詳盡的筆記，試驗他們提出的每項建議，並且導出下次回診時應檢視的一些問題。

隨著這一切資訊集中於一處，種種模式開始浮現。藉由醫師們的協助，我發現了「機能性音聲異常」（functional voice disorders）這類惱人疾患，當中包括正常吞嚥食物所需上百條肌肉的任一條出問題。我體認到藥物治療隱蔽了我的症狀，使得症狀所要傳達的訊息難以被洞悉。我並不是罹患或感染可用藥物根除的疾病。身體狀況要求我在守護健康上力求改變。

我開始研究呼吸、營養、發聲習慣，甚至鑽研童年經驗如何在神經系統顯現徵候。我逐漸了解身心連結（mind-body connection）以及我的思維和情感如何直接影響身體的感受。我把學到的一切記錄下來，還設計了一套實驗：嘗試若干簡單的生活方式變化，例如改善飲食和規律地沉思冥想，並搭配我從語言治療師學來的一系列發聲訓練。這一切幾乎見效，令我深感驚訝。雖然我的疼痛並未消失，但已遠比先前更易於處理。*

回顧這一切，我的筆記在探索疼痛緩解之道上，如同藥物或療程一般有舉足輕重的效用。筆記內容使我得以從健康狀況的細節退一步思考，用不同的觀點看待自身處境。就外在醫學世界和內在知覺世界來說，我的筆記是實用的媒介，可供我把任何新資訊轉化為有益自身

---

* 我在這方面獲得「量化生活」（Quantified Self）社群的幫助，它是一個在地聚會社團網絡，人們在那裡彼此分享如何追蹤自己的健康、生產力、情緒變化或行為，好更進一步了解自己。

健康的解決之道。

　　我從那時起，對資訊相關科技的潛能著迷不已，也領會到數位筆記只是資訊科技的冰山一角。筆記一旦數位化，就不再侷限於簡短的潦草書寫，而可以採取任何形式，當中包括影像、連結網路資源，以及任何格式和大小的檔案。在數位領域裡，資訊宛如神奇、原始的自然力量，可以被模塑和導向任何用途。

　　我也著手於生活其他領域製作數位筆記。在大學課堂上，我把成堆凌亂的線圈記事本整理成精緻、可搜尋的課程集錦。我精通在上課時記下重中之重的要點，當有需要時再拿來複習，並運用於寫作論文或通過考試。我以往是個學業成績普通的平凡學生。早年的教師總是在成績單上註明我注意力不集中、經常心不在焉。讀者們可以想像，當我以極優異的成績取得學位、自大學畢業時內心有多麼喜悅。

　　從大學畢業後，二〇〇八年全球金融危機仍餘波盪漾，我很不幸面臨了三十年來最糟的就業市場。鑑於美國的就職機會稀缺，我決定參加和平工作團（Peace Corps），這是派遣志工到開發中國家服務的一個美國組織。它接受了我並派遣我到烏克蘭東部鄉間一所小型學校任教。我在那裡服務了兩年，教導八到十八歲的學生學習英語。

　　在資源與奧援不足下擔任教師，我的筆記系統再次發揮救生圈的功能。我從其他老師分享的教科書、網站和隨身碟取用課程範例與習題，並且混合搭配英語片語、表達方式、俚語來設計文字遊戲，使活力充沛的三年級生保持學習興趣。對於較年長學生，我教授他們提高個人生產力的基本功——按照計畫完成事情的方法、課堂上如何做筆記、怎麼設定目標和規畫教育培訓。他們長大後運用這些技能成功申

請到大學、以至錄取第一個工作時的感激之情，令我終生難忘。多年以後，我依然時常收到那些學生寄來的感謝信。我傳授的生產力技能仍舊持續為他們的人生帶來成果。

結束兩年志工服務回到美國後，我開心地成為舊金山灣區一家小型顧問公司的分析師。我興奮地展開職涯，卻也面臨重大挑戰：職場的步調令我心慌意亂，而且工作量讓人難以招架。我離開烏克蘭鄉野直闖矽谷核心地帶，全然沒做好準備，無法應對現代職場日常工作的密集轟炸。我每天接到數百件電郵，每小時要閱讀數十則訊息，而所有事務機器發出的噪音總是不斷地干擾著我。我記得自己時常環顧同事並且納悶：「在這種環境中怎麼完成工作啊？他們是有什麼秘訣？」

我只知道一門訣竅，那就是從記下林林總總的事情著手。

我開始用電腦軟體把所學的一切整理成數位筆記。我在會議上、講電話和進行線上研究時都會做筆記。我把取自諸多研究報告的事實運用到對客戶的簡報上。我在自家公司社交平台分享從社群媒體記取的一些洞見。我記錄經驗老到的同事們的回饋意見，以確保自己能融會貫通，並且銘記在心。每當我們展開一項新專案，我會在個人電腦上為相應的資訊打造專屬空間，以便將所有材料分類整理，然後敲定行動計畫。

當資訊大潮退去時，我對自己正確找出所需資訊的能力已深具信心。我成為同事尋找檔案時常求助的人。他們也找我幫忙發掘事實，或是確認客戶三周前說過的話。你清楚身為辦公室裡唯一記得重要細節的人那種滿足感嗎？那感覺持續激勵著我努力善用知識的價值。

另一次轉折——發現分享的力量

　　我總是因應個人需求而做筆記和建檔,然而當我在全球一些最重要組織擔任專案顧問時,我開始了解可以使那些筆記和檔案成為事業資產。

　　我從報導得知美國有形資本(physical capital,例如土地、機器設備、建築等)的總價值大約為十兆美元,而人力資本(human capital)總價值更遠超越有形資本五到十倍。所謂人力資本包括「知識與專門技能、民眾所受教育、擁有的智慧、具備的技能、人際關係、常識以及直覺」。❶

　　如果報導真確,那麼我的筆記是否可能也是一項知識資產,而且會隨時間推移而增長並產生複利效果。有鑑於此,我除了運用「第二大腦」作為筆記工具之外,也開始把它視為忠實的知己和思考夥伴。當我丟三落四時,「第二大腦」始終能幫我記住事情。在我迷失方向時,它會提醒我何去何從。當我腸枯思竭時,它會建議各種可能性和指點迷津。

　　有些同事曾要求我教授他們管理知識的方法。我發現他們實際上都有使用某種生產力工具,比如說紙本記事本或手機上的數位筆記應用程式,但很少人有意識地採用系統性的筆記方法。他們傾向於因應當下需求,隨意地把資訊搬來挪去,幾乎不曾考慮日後是否還能找到。所有新的生產力應用程式都可望帶來突破性進展,但往往最終只成為另一件必須管理的事情。

　　我和同事的午餐閒聊後來演變成讀書會,接著進一步發展為工作

坊，最終更成為對大眾公開的付費課程。隨著我教過的人與日俱增，我看到學員們的工作和生活有了立即的變化，因此意識到自己發現的方法非常特殊。我從應對自身慢性病的經驗學習到，理想的方法是在當下而非未來著手組構資訊以解決問題、產生成果。將這個取向應用到生活其他領域後，我發現了資訊全面系統化而非僅供一次使用的方法，它並且適用於各式各樣的用途，以及任何專案或目標。我還察覺自己掌握了那樣的知識之後，能夠輕易且大方地用種種方式把它分享出去，以服務周遭的人。

第二大腦系統的起源

我把自己發展的這個系統稱為「第二大腦」，並著手創立部落格分享關於它如何運作的一些想法。對我的思維產生共鳴的受眾比預期還多，我的相關寫作陸續刊登在《哈佛商業評論》（*Harvard Business Review*）、《大西洋》（*The Atlantic*）月刊、《快公司》（*Fast Company*）、《Inc.》等刊物上。關於運用數位筆記強化創造力的一篇文章，更在生產力社群中迅速流通竄紅，於是我獲得基因泰克（Genentech）、豐田（Toyota）汽車等舉足輕重企業，以及美洲開發銀行（Inter-American Development Bank）的邀請，赴其講習班發表演說和教導學員。二〇一七年初，我決定創設名為「打造第二大腦」（Building a Second Brain）的線上課程，* 以更廣泛地傳授我推展的這

---

* 有興趣的讀者可造訪 buildingasecondbrain.com/course

個系統。此後，有一百多國、成千上萬、各行各業的學員陸續完成這個課程。勤勉又熱切投入的學員還成立了一個學習社群，不斷練習和精進本書中提出的各項原則、概念與工具。

在接下來幾章，我將讓你明白，第二大腦是歷來無數前輩思想家和創新者的傳世成果，當中包括許多作家、科學家、哲學家、領袖人物，以及勤勤懇懇的市井小民。我也將為你引介一些必要的基本原則與工具，以助你奠定成功的基礎。在第二部談論「方法」時，我將介紹第二大腦的四個建構步驟，讓你能立刻專注地掌握和分享一些概念。而在第三部講述如何「付諸實踐」時，我將提出一組運用第二大腦的強效方法，以助你提振生產力、達成各項目標，並在工作與生活中茁壯成長。

我分享個人的故事是因為想讓讀者們知道，本書主旨不在於完善某種理想人生。所有人都經歷過痛苦、犯過不少錯，或在人生某個階段辛苦掙扎過。我曾遭遇諸多挑戰，而在生命旅程的每個階段，我都把自己的思維與記憶視為值得珍藏的寶物，因為它們是我克服難關和獲致成就的關鍵要素。

你可能會發現本書被歸類為「自我成長」書籍，但就更深層的意義來說，這是一本與自我成長迥然有別的書。它談論的是如何優化外在於自我的系統，而這個系統不會受你的限制和約束影響，它使你自在地不求完美，並讓你自由地徜徉、思量、流連於令你充滿活力的任何事物。

第 2 章

第二大腦是什麼？

我們能夠超越極限，並非藉由使大腦像機器那樣快速運轉，或是比照健
身增肌的做法來擴展大腦，而是透過讓自己的世界充滿豐富的素材，並
將這些材料交織於我們的思維之中。

——《外延心智》（*The Extended Mind*）作者安妮·莫菲·保爾
（Annie Murphy Paul）

　　資訊是你一切作為的基礎。

你想要完成的任何事情，比如執行一項專案、轉換新工作、學習新技
能、創業等，都需要你去發現和善用正確的資訊。你的專業成就和生
活品質都直接與有效管理資訊的能力息息相關。

　　據《紐約時報》指出，一般人日常消費的資訊量約達到驚人的三
百四十億位元組（34 GB），❶ 該報還引述另一項研究估計，人們每
天瀏覽的資訊約相當於一百七十四份報紙的全部內容，達到一九八六
年時的五倍。❷

　　氾濫的資訊常使我們坐立不安，而非賦予我們能力。資訊超載（Information Overload）已變得令人精疲力竭，它耗費掉我們的大腦資源，更讓我們始終處於焦慮狀態，總是掛慮會遺漏訊息而憂心忡忡。方便取用的網際網路知識寶庫理當提供我們教育和資訊，卻反而造成社會普遍注意力匱乏。*

　　微軟（Microsoft）公司的研究顯示，一般美國員工平均每年花費七十六小時找尋他們隨意放置的筆記、品項或檔案。❸ 國際數據資訊公司（International Data Corporation）的報告指出，典型知識工作者每天二六％的工時耗費在搜尋和統合分散於多個系統的資訊。❹ 令人難以置信的是，他們找到所需資訊的機率僅有五六％。

　　換句話說，我們每周上班五天，光是尋找所需資訊平均要花費掉超過一個工作日，而且徒勞無功的機率將近一半。

　　為我們舊石器時代的記憶能力升級已刻不容緩。是時候承認了，我們無法僅憑「運用大腦」來儲存所有知識，理當把這個工作外包給智慧型機器。我們必須認清，現代生活的認知需求與日俱增，而我們的大腦卻無異於二十萬年前首次出現於東非平原的晚期智人。

　　我們竭力回想事情耗掉的能量都不能用來思考，比如發明新事物、創作故事、識別各種模式、追隨直覺、與他人協作、調查新主題、擬訂計畫，和驗證理論。我們花費時間盡力應付一切不得不做的事，以至於用來追求更有意義事物的時間相對減少，這包含烹飪、照顧自己、培養嗜好、休息，以及和親人相處的時間。

　　無論如何，我們得要付出代價：我們在運用科技上的任何變化都

---

* 美國經濟學家暨認知心理學家司馬賀（Herbert Simon）指出：「資訊所消耗的東西相當明顯：它耗掉了受眾的專注力。因此，海量的資訊會造成注意力貧乏……」

必須有相應的思維轉變。為了適當地善用「第二大腦」的力量，我們必須與資訊、科技甚至於自己建立嶄新的關係。

筆記的傳世智慧

為了洞悉我們的時代，讓我們回顧歷史，用先前的時代行之有效的方法作為學習榜樣。記錄個人想法和寫筆記從而理解世界是一項漫長的傳統。數個世紀以來，從李奧納多・達文西（Leonardo da Vinci）、維吉尼亞・吳爾芙（Virginia Woolf）、約翰・洛克（John Locke）到奧克塔維亞・巴特勒（Octavia Butler）等藝術家與知識分子，都曾把最饒富趣味的種種想法寫錄於隨身攜帶的手札（commonplace book）。*

在上個資訊超載的時期，也就是十八世紀、十九世紀初工業革命期間，手札曾經盛行。它遠超越日記或個人反省日誌，是當時知識階級了解快速變遷的世界和自身地位的一項學習工具。

歷史學家暨哈佛大學圖書館前館長羅伯・丹屯（Robert Darnton）在《閱讀的未來》（*The Case for Books*）❺ 一書闡明了手札的角色：

> 不同於當今從頭到尾關注敘事流動的讀者，現代初期的

---

* 「手札」一詞的起源可遠溯到古希臘時代，當時在法庭或政治集會的各種論點會被記錄於「手札」以供查閱參考。

英國人習於點點滴滴地閱讀，而且總是跳著看不同的書籍。他們把各種文本拆解得零零散散，再抄寫到諸多筆記本的各個分區裡，並運用各類新形式把它們組合起來。然後他們重新閱讀這些文本且重新安排其格式，同時也添加更多摘要。於是，閱讀與寫作成為形影不離的活動。兩者都屬於持之以恆的理解事物的努力，畢竟世界充滿了種種符號：你可用自己的方式解讀它；而藉由將閱讀心得記載下來，你製作了具有個人印記、專屬自己的書籍。[*]

手札是往日知識階級和世界互動的入口。昔人交談時會取出手札，用來把各種不同來源的知識串聯起來，以及啟發自己的思想。

身為現代社會的一員，我們也能從當代版本的手札獲益。現今的媒體偏好**新奇**和**公眾**的事物，比如最新的政治爭議、名人醜聞或是當下在網路瘋傳的哏圖。而促使手札復興有助於遏止這股趨勢，可讓我們與資訊的關係轉向**恆久**和**私密**的性質。

與其以囫圇吞棗的方式消費日益龐雜的各式內容，不如更有耐心地採行深思熟慮的做法，促成重新閱讀、重新思考，並逐步釐清種種想法與時推移而變化多端的意義。這不但能促成對當今重大議題更加文明的探討，也有助於我們保持心智健全，和治癒已經支離破碎的專注力。

---

[*] 其他國家也有個人記事傳統，比如中國的「筆記」，當中可包含奇聞軼事、語錄、隨想、文學評論、短篇小說等，以及作者認為值得記錄的任何事情。在日本則有「隨筆」，主要記述個人生活點滴。

但我們不是單純地師法古人。如今，我們有機會為手札注入現代能量，大可使這個歷史遺產更加靈活且易於取用。

數位筆記

我們的筆記與觀察心得一旦數位化，就可被檢索搜尋、組織、在所有數位裝置上同步，和備份到雲端硬碟以妥善保存。如此我們將始終知道要去哪裡取用資訊，也能藉以發展自己的「知識寶庫」。

作家暨攝影師克雷格・莫德（Craig Mod）曾寫道：「我們適逢其時，可將五花八門的旁註 * 整理成更扎實的筆記，能被搜尋且總是易於取用和分享，並可嵌入我們消費的數位文本之中。」❻

這數位筆記就是我所稱的「第二大腦」。你可以把它想成學習筆記、個人日誌和新想法速寫本的多元組合。它是多用途工具，可調適你隨歲月推移而變易的個人需求。在學校或課堂上，它能用來做學習筆記。在職場，它可幫你建立有條有理的專案。在家中，它可以是管理家務的利器。

不論你決定如何使用它，第二大腦個人知識庫是設計來提供終身學習成長的相關服務，其功用並非只是一次性。你可把它當成實驗室來發展和精進獨立思考能力，然後將想法分享給其他人。第二大腦也可以是你驗證理念的工作室，直到它們可在外界實際應用。它亦可充

---

*　旁註是指我們在書本或文件頁面邊緣附加的註記，包括雜文、評論、解說、批語、塗鴉或圖解等。

當白板，供你勾勒出腦中構想，並促成你和其他人協作。

運用數位工具將思維擴展到大腦以外，是順理成章的事，而你一旦領會了這個道理，第二大腦唾手可得。

行事曆應用程式可以擴充大腦記住各項活動的能力，並確保你絕不會忘記任何預定行程。智慧型手機是溝通能力的外在延伸，使你的聲音能夠飄洋過海達到收話的一方。雲端硬碟擴增大腦的記憶能力，使你能隨處取用數百億位元組的資訊。*

是時候增添數位筆記這項技能了，讓它進一步強化我們運用科技的能力吧。

重新思考筆記：筆記是知識的構成要素

在過去數個世紀期間，只有知識菁英需要筆記，包括必須有個方法來對寫作或研究進行綜合處理的作家、政治人物、哲學家以及科學家。

如今，幾乎每個人都需要有個管理資訊的方法。

現時的勞動人口半數以上可視為「知識工作者」——以知識為最珍貴資產的專業人士，時間大半用於管理大量的資訊。此外，不論擔

＊ 你曾因智慧型手機不見了，或是無法上網而悵然若有所失嗎？這個跡象顯示，一個外在體系已成為你的外延心智。安傑洛・瑪拉維塔（Angelo Maravita）與入來篤史（Atsushi Iriki）二〇〇四年的研究發現，當猿猴與人類不斷地使用工具來擴展所及範圍，例如時常用耙來搆東西，大腦特定神經網絡會改變身體的「測繪圖」（map），並把新工具納入圖中。這個引人注目的發現使我們更加確信，外部工具常能成為心智自然而然的延伸。

任哪種角色，我們都必須構思新奇的點子、解決新興的問題，並和他人有效溝通。這些都是必須妥當處理的日常事務，而不是偶爾會遇到的事。

身為知識工作者，哪裡是你的知識歸依之處？你創造或發現的知識何去何從？「知識」似乎是專屬於學者和學術活動的崇高概念，但是就最務實的層次來說，知識創始於簡單且歷史悠久的筆記習慣。

多數人對筆記的了解形成於就學時期。你首次寫筆記可能是出於老師告訴你考試時用得到。這意味著，考完試後，你可能永遠不會再查閱這些筆記內容。學生基本上認為學習是一次性的過程，沒打算使學到的知識再度派上用場。

當你進入職場，對筆記的要求有了天差地別的轉變。你在學校學會的筆記方法不僅全然不管用，更與工作上的筆記需求南轅北轍。

在專業的世界裡：

- 你不會全然明確知道應當記下什麼。
- 不會有人告訴你筆記會在何時或將如何派上用場。
- 「考驗」會在任何時間以任何形式來臨。
- 你可以隨時參考筆記，當然先決條件是你有做筆記。
- 你被期望以筆記為基礎去採取行動，而非照本宣科。

這和你在校的學習筆記大相逕庭。所以，我們理當適時把筆記從應付考試的潦草書寫，提升為更有趣且高效的形式。現代專業筆記是「知識的構成要素」，它儲存於你的大腦之外，並由你的獨特觀點加

以詮釋。

　　藉由這個定義，筆記可以是書籍或文章裡某個對你有啟發作用的段落；附有你的註解的一張網路照片或圖像；你思考某個主題得出的重點清單等等。筆記內容也可以是一部電影裡深深打動你的一句話，或一本深刻的書裡摘出的成千上萬文字。不論篇幅或形式如何，只要內容經過你的獨特觀點詮釋，依據你的品味加以組織，用你自己的話語來陳述，或是擷取自你的生活體驗，就是合格的筆記。

　　知識構成要素是分散的，且各有各的價值，但它們也可以化零為整，彼此結合成為報告、論述、提案或是故事。

　　它們就像你小時候可能玩過的樂高積木，可以被迅速找出來、移動、組合、重組，而且你只須運用這些基本的建構素材。你可運用混合和搭配等方式嘗試各種不同的筆記組合，直到產生有意義的成果。

　　科技不僅使筆記更具效益，也改變了筆記的本質。我們不必再把想法寫在脆弱、容易弄丟且無法搜尋的便利貼或記事本上。現今我們可以在雲端做筆記，而且能夠隨處取用。我們再也不用花費無數時間把種種構想謄寫到紙上並精心製作目錄。我們蒐羅各種知識構成要素，然後投注時間想像它們可能成為什麼。

兩個大腦的故事

　　讓我來描述一下有少了「第二大腦」在日常生活上會有什麼差別。請讀者們看看這些情況你是否感到熟悉。妮娜於周一早晨醒來，在睜開眼睛之前，腦海裡已充滿形形色色的念頭，比如說該做的、應

思考的、必須決定的種種事情，在周末期間如暗潮般潛伏，現在全都從潛意識深處洶湧而至。

當妮娜準備去上班時，諸多想法持續在她的大腦中盤旋，宛如一群無處安頓而緊張不安的鳥，在她頭頂鼓動翅膀飛來飛去。當她思忖必須關注和忽略哪些事情時，一如預料地陷入了焦慮狀態。

慌亂了一個早晨之後，妮娜終於在辦公桌前坐下展開工作。她開啟電郵收件匣，隨即被大量湧入的新訊息淹沒。光是急件和重要寄件人的來信就使她的腎上腺素飆升，她很清楚這個上午已無暇處理自己的計畫。她只能擱置原先想要全心投入的工作，著手努力回覆大批的電郵。

當她用完午餐回到辦公室後，終於把一些最急迫的事情做完。接下來該著手處理自己的優先事項了，然而在忙了一上午應付眾多的急件之後，她已累得無法集中注意力。一如既往，她調降了對自己的期望，緩慢地打理日積月累的待辦事項。

下班後，妮娜還有最後一次機會致力於她的專案。她深知此案可發揮自己所長，而且會使事業更上層樓。她先運動健身，享用晚餐，和小孩共度寶貴的親子時間，然後在孩子們就寢後，終於有了一些獨處時間。

她滿懷熱忱地坐在電腦前，然而問題接二連三湧現：我上次做到什麼地方？我把檔案放在哪裡？我的筆記都到哪兒去了？

待問題解決後準備開始工作時，她已累到無法有實質進展。這種情況日復一日地發生。受夠了這樣反覆的模式之後，她開始自暴自棄。有什麼理由繼續嘗試？為何要不斷試圖做不可能的事？何必抗拒

網飛（Netflix）節目或是社群媒體的引誘？既然沒時間也沒精力堅決地推進專案，勉強又有何意義？

妮娜是有能力、負責任且勤勉的專業人士。換位思考的話，多數人會覺得她得天獨厚。她做事或生活的方式並無太大問題，然而在體面的表象下，她的人生不無缺憾。她明白自己的能耐，卻難以達到自訂的標準。她想和家人擁有更多人生體驗，卻一再地延後計畫、等待來日有時間和餘裕實現夢想。

你是否對妮娜的經歷感到似曾相識？這個故事的一切細節都出自長年來人們寄給我的信息提到的真實情況。他們普遍傳達出不滿及對改善現狀的渴望，因為他們的時間面臨著別人無止境的剝奪，他們與生俱來的好奇心和想像力，在令人窒息的職責壓力下日漸枯竭。

許多人對此感同身受，覺得知識唾手可得，智慧卻極度匱乏。儘管我們可取用一切有益於擴展思維的想法，我們的專注力品質卻江河日下。我們的各種責任不斷與衷心熱愛的事物相互牴觸，使得我們左右為難。因而永遠難以專注做事，也始終無法好好休息。

我再講另一個故事。其實周一早晨可以很不一樣。以下也是取材自若干真實案例，而它們的主人翁都打造了各自的第二大腦。

試想你周一清晨醒來，期待著展開新的一天和星期。當你起床梳洗更衣時，思緒泉湧而來。你操心的事和肩負的職責不比任何人少，但你擁有一項獨特的秘密武器。

在淋浴時，你想到可用更好的方法來推進當前專注的專案。當你和家人吃早餐時，你已構思好新策略，並考量著各種可能的結果。在小孩吃完飯出門上學前，你的種種想法已存進數位筆記。開車上班途

中，你意識到還漏了思考一些挑戰。你迅速地以手機錄了一個備忘語音檔，口述內容自動地轉成文字，並存入你的數位筆記裡。

周一早上的辦公室一如以往一片忙亂。電郵、語音訊息和電話以狂亂的步調蜂擁而至。當你與同事分享新想法時，他們紛紛發問、提出合理的顧慮，並且各自提出意見。你隨時準備把集思廣益的成果儲存進第二大腦的數位筆記裡。你暫時不做出判斷，而且在最終敲定行動方案前，盡可能廣泛聽取各方的回饋意見。

不知不覺間已到了午餐時間。你休息用餐，此時腦中浮現一些哲學性思考：我們是否忽略了專案能承受的最大壓力上限？如何使它融入我們期望打造的產品長期願景？新策略會對股東、客戶、供應商和環境帶來何種衝擊？你只有三十分鐘用餐時間，無法更深入考量這些問題，於是你把它們寫進數位筆記，以提醒自己稍後加以深思。

你像大家一樣使用智慧型手機，但你用它來做的事情與眾不同。你用手機來創造價值，而非消磨時間。

在下午開會討論你構思的新策略時，你已準備好大量備用的相關筆記，當中有你在早上短短數小時想到的各式點子、對策、目標、挑戰、問題、疑慮，以及同事的貢獻和提醒事項等。

會議開始前，你用十分鐘整理好這些筆記。約有三分之一筆記內容不屬於優先要項，於是你先將它們留存備用。另外三分之一則是關鍵事項，當然要列入會議議程。其餘三分之一的重要性則在前兩者之間，你將它們放進另一清單裡，以備適當時機提出來商討。

會議開始後，團隊成員紛紛就座並且展開討論。你已準備就緒：從多個角度思考了最重大的問題，擬出了數個可行的解決方案，並開

始設想其整體影響。你收到了某些同事的回饋意見，並將其整合進建議事項中。你表明自己的觀點，同時也對團隊成員的看法抱持開放立場。你的目標是專注地指導團隊對話，並且善用每個成員獨特的觀點，以盡可能得出最好的結果。你也把同事們所有重要的反思、新點子，和他們指出的一些你意想不到的可能性，全都記錄到第二大腦的數位筆記裡。

隨著日復一日運用這種工作方法，你的心智運作開始轉變。你形成了一些思維模式，而且總是考慮：為何要做這些事？我實際想要的是什麼？什麼才是對我真正重要的事？你的第二大腦如同鏡子一般，使你逐漸了解自己，它切實地反映出你值得保存和付諸實踐的種種想法。借助第二大腦系統，你能夠記得遠超越自身記憶能力的更多事情，而且你的大腦將日漸和這個系統交織在一起。

正確地說，這一切並非只發生於你的腦袋裡。人們可以看出你已大不同。他們開始看清，你能夠隨時取用非比尋常的龐大知識體系。大家對你驚人的記憶力議論紛紛，而你甚至從不須努力去記住。他們欽佩你不可思議的思考能力。而事實上，你只是播下了啟發靈感的種子，然後享用豐碩的收穫。

隨著知識具體成形，你擁有了開創美好未來的一切利器。你沒必要等自己做好最完美的準備，無須再獲取更多的資訊，或是進行更多的研究。你唯一要做的是在既有的資源和知識基礎上付諸行動。

大腦不再是你發揮潛能的障礙，你已擁有所需的全部心智頻寬，可以竭盡所能追求成功。你對思維品質充滿信心，能夠無拘無束地窮究更深層的問題，並且具備勇氣去面對種種艱巨挑戰。縱使一時失

利，也只意味著你需要掌握更多知識，好為你克服挑戰的旅程增添能量。

打造第二大腦並駕馭它的力量就是這麼回事。

科技提供的思考工具能發揮槓桿作用

在整個二十世紀期間，一系列學者與發明家 ❼ 對科技如何促進人類演化提供了願景。他們夢想著創造「外延心智」（extended mind），以擴展人類智能，從而解決社會面臨的諸多重大難題。* 科技奇蹟就如同照亮未來的明燈，使知識有望從布滿塵埃的書堆裡解放出來，廣獲世人取用。†

他們的種種努力並非徒勞。其構想啟發了現今我們習以為常的許多科技成果，弔詭的是，儘管資訊時代享有無數科技發明，我們卻在某些方面較以往更加遠離先行者的初始願景。我們每天花費數小時閱覽社群媒體不斷更新的訊息，而那些內容通常在短時間內就會被遺忘。我們將網路文章新增至瀏覽器書籤列，日後卻鮮少真的有時間去讀取。我們製作諸多文件，但用過一次後就閒置於充斥電郵或檔案系

---

* 「外延認知」（extended cognition）領域新近的進展與發現使我們進一步認識到，「框外思考」（think outside the brain）可以如何切合實際又強而有力。我推薦大家參考安妮·莫菲·保爾的著作《外延心智》。這本書並未聚焦於科學，但它是關於外延認知的優質入門書。
† 萬尼瓦爾·布希（Vannevar Bush）曾闡述一種名為「記憶延伸」（Memex）的「學者工作站」（scholar's workstation），還稱它是「供個人儲存所有書籍、紀錄和通訊內容的機械化裝置，能夠靈活地以極快的速度查詢資訊。可說是個人私密的記憶增補器」。

統的資訊無底洞裡。我們的智慧產物，不論是集思廣益的成果、照片、企畫案或研究報告，常被遺落在硬碟裡或雲端某處。

　　筆者相信，我們已來到新的轉折點，當下的科技已足夠先進而且具備易用性，能夠與我們的大腦融為一體。現今的電腦日趨微型化，效能也更加強大，而且講求直覺式操作介面，無疑可以成為新思考方法的基本要件。

　　時機已經成熟，我們理當落實科技先驅的願景，每個人都應擁有外延心智，這不僅是為了擴增記憶能力和提高生產力，更是為了實現更多人生抱負。

第 3 章

第二大腦如何運作

自我的最終自由繫於記憶的力量。我因為記得而得以自由。
——十世紀出生於喀什米爾的哲學家暨美學家新護（Abhinavagupta）

你可把第二大腦想成世上最優質的數位個人助理。萬無一失而且始終如一，總是隨時準備提供有價值的資訊。它遵從指示，能提供助益良多的建議，還會提醒你重要事情。

大家都怎麼看待個人助理的表現？你會聘用個人助理為自己做什麼工作？你肯定會要求他們達到一定水平的績效，而這也適用於第二大腦。你必須清楚第二大腦理當為你做什麼，如此才能明白是否值得擁有第二大腦。

本章將使你了解：第二大腦的四項主要功能如何長期積極且即時為你效勞；啟用它所需的基本工具；第二大腦在提供最重要服務的過程中會持續進化；其核心的「CODE 法」（CODE 為四大步驟英文字母首字）有「獲取（Capture）、組織（Organize）、萃取

（Distill）、表達（Express）」四大步驟。

第二大腦的超強能力

第二大腦具有足堪倚重的四大基本功能：

一、使我們的構想具體化。

二、揭開不同想法之間各種新的連結方式。

三、使我們的種種構想與時俱進。

四、強化我們的獨特觀點。

接下來讓我們進一步檢視這些功能。

第二大腦第一項超強能力：使我們的構想具體化

在我們開始落實各式構想之前，必須先把它們從大腦中「卸載」（off-load），使它們具體成形。唯有在我們理清腦中複雜的念頭之後，才能清晰地思考，並著手使各種想法在工作上發揮成效。

美國分子生物學家詹姆斯・華生（James Watson）和英國物理學家弗朗西斯・克里克（Francis Crick）在一九五三年有一項影響深遠的共同發現：去氧核糖核酸（DNA）具有雙股螺旋結構。這項發現開啟了分子生物學與遺傳學的黃金時代，而且它是奠基於其他先驅科學家的研究成果，當中包括羅莎琳・富蘭克林（Rosalind Franklin）和莫里斯・威爾金斯（Maurice Wilkins）在 X 射線晶體學（X-ray crystallography）領域的科研進展。

華生及克里克的突破性成就早已家喻戶曉，但他們的成功故事仍有一部分鮮為人知。他們的關鍵方法是建構諸多模型，而這是師承美國生物化學家萊納斯・鮑林（Linus Pauling）。他們裁剪出許多形狀近似 DNA 構成分子的紙片，然後實驗各種將其組合在一起的方式。他們不斷變動模型，嘗試找出與他們的知識最相符的分子排列組合形態，而雙股螺旋結構似乎最契合互補鹼基配對（complementary base pairs）原則。❶

這是上個世紀最知名科學發現的一個引人注目的面向。在關鍵時刻，即使是訓練有素、對數學和抽象思考駕輕就熟的科學家，也會求助於現成可用的最基本實體媒介。

雖然數位筆記並非實體事物，但它們是可以看得到的。它們可使模糊籠統的概念變得明確而具體，從而能夠加以觀察、重新安排、編輯與整合。縱使數位筆記僅以虛擬的形式存在，我們仍然可以親眼目睹並在彈指之間隨意搬移。正如黛博拉・錢伯斯（Deborah Chambers）和丹尼爾・瑞斯伯格（Daniel Reisberg）兩位學者對心像認知能力（mental visualization）侷限性的研究發現，「我們發展來應對外在世界的技能，遠超越我們處理內在世界的能力。」❷

第二大腦第二項超強能力：揭開不同想法之間各種新的連結方式

最實用的創意形式是把各種想法好好連結起來，尤其是那些彼此間似乎沒有關聯的想法。

神經科學家南希・安卓森（Nancy C. Andreasen）曾對卓越科學

家、數學家、藝術家、作家等富創造力人士做過密集研究，她的結論指出：「具創新力的人在認知各種關係和建立關聯性與連結方式上優於一般人。」❸

我們藉由把互異的思維材料匯聚一處，促進了它們之間的連結，也提升了發現其間非凡關聯的可能性。

古代哲學書的引文能與新近的靈巧推文相互輝映。有趣的 YouTube 影片所擷取的畫面可和經典電影的場景相映成趣。備忘錄音檔可以跟專案計畫、有用的網站的連結網址、最近搜尋發現的內容一起儲存。所有格式的資訊都能以實體世界意想不到的方式結合起來。

假如你曾玩過 Scrabble 這種拼字遊戲，應當知道拼出新字的最佳方法，正是不斷嘗試各種不同的字母排列組合方式。在第二大腦裡，我們可以做同樣的事情：打亂各種想法的條理使其混合在一起，直到料想不到的主意浮現出來。你一開始時放進第二大腦的材料愈是多元異質，得出的連結方式將更具原創性。

第二大腦第三項超強能力：使我們的種種構想與時俱進

當我們規畫一場活動、設計一個產品或主導一項提案時，往往仰賴當下想到的點子。我把這種取向稱為「舉重」（heavy lift），因為它要求大腦在沒有支援系統之助下立即產生成果。

即使集思廣益，我們依然只會看重一些當下的念頭。這樣做的話，能有多大機率馬上形成最富創意又新穎的主意？想出最優質方案的機率又有多高？

這種思維傾向被稱為「近因偏差」（recency bias）。❹ 也就是

說，我們偏向於喜好最近出現在腦中的構想、解決方案及各式影響，而且不在意它們是不是最好的。想像一下如果你能夠擺脫當下的侷限，善用累積了數周、數月甚至數年的創造力，將能開創何種格局。

我把這種思維取向稱為「慢燃」（slow burn），它容許想法像一鍋美味的濃湯那樣在爐上細火慢燉。這是較為從容不迫且更能歷久不衰的創新方法，它重視循序漸進累積構想，而非狂亂地硬逼著點子破椆而出。擁有第二大腦即可恆久保存無數的構思以長期使用，這使得歲月推移成為你的益友，而不是敵人。

第二大腦第四項超強能力：強化我們的獨特觀點

我們迄今談論的主要是關於蒐羅他人的想法，然而第二大腦的最終目的在於使你自己的思維發光發熱。

普林斯頓大學新近的一項研究發現，某些特定種類的工作最不可能在未來幾年自動化。令人意外的是，那些並不是要求高等技能的職位，或是需要長年培訓才能做到最好的工作，而是要求從業者「不但要能傳達資訊，更要有出色的詮釋資訊能力」。[5]

換句話說，涉及推廣或守護特殊觀點的工作，最有可能不被機器奪走。試想那些分享非營利事業影響力故事的募款活動發起人，還有運用數據資料分析驗證實驗結果的科研人員，或是引據關鍵先例來支持其決策的專案經理。現今，人們的職業和事業都比以往更加器重獨特觀點和說服能力。[6]

宣揚一種特殊觀點不僅要有妙趣橫生的個人魅力或勢不可擋的感染力，更需要佐證材料。

美國記者、作家兼電影工作者賽巴斯提安・鍾格（Sebastian Junger）曾針對「寫作瓶頸」（writer's block）這個主題寫道：「並不是我遇到了瓶頸。而是我對主題沒做足研究，無法憑藉知識與力量來寫作。這始終意味著，不是我想不出恰如其分的文字，而是我沒有可用的寫作材料。」❼

當你在創新過程中陷入困境，並不意味著你出了什麼問題。這不是出於你的能力江河日下或是腸枯思竭，而是表示你沒有準備好充足的素材。如果你覺得靈感的源頭活水似乎乾涸了，這意味著你需要補滿範例、圖解、故事、統計數據、圖表、隱喻、照片、思維導圖、對話筆記、引文的更深廣靈思泉源，好助你推進獨特觀點或為確信的目標奮鬥。

選擇數位筆記軟體：第二大腦的中樞神經系統

促進了資訊大爆炸的科技也提供給我們管理資訊的種種工具。

我們的第二大腦具備各種可用來與資訊互動的工具，當中包括待辦事項清單、行事曆、電子郵件、閱讀與筆記應用程式等。我特別推薦讀者以數位筆記軟體作為第二大腦的核心要件。* 我們有許多選項，從智慧型手機裡預先安裝好的免費筆記應用程式，到具備我們確切需要的功能的第三方軟體，著實不勝枚舉。

---

* 許多採用 CODE 方法的人持續使用紙本記事本寫筆記。甚至有不少人對數位筆記方法駕輕就熟之後，在紙本記事本寫下更多筆記。這不是非黑即白的事。它關乎為工作選擇最適工具。而本書主要聚焦於發掘數位筆記的潛能。

舉凡微軟公司的 OneNote、谷歌公司的 Keep、蘋果公司的
Notes，以及 Notion 與 Evernote 等數位筆記軟體均有四大強效特性，
是打造第二大腦的理想選擇。這四大特色分別是：

- **多媒體**（Multimedia）：紙本記事本可以容納圖畫、素描、引
  文和構想，甚至於照片與便利貼，而數位筆記軟體更能把廣泛
  且多樣的不同種類內容儲存在一起，讓你永遠不須煩惱該把它
  們存放何處。
- **不拘形式**（Informal）：筆記自然會雜亂無章，因此不須講求
  完美的書寫或優雅的呈現，隨時就能輕鬆地記下事情。這基本
  上有利於使剛萌芽的想法進一步發展。
- **靈活開放**（Open-ended）：寫筆記是永不會真正完結的持續性
  過程，你始終不會知道它可能導出什麼。不同於專門設計來產
  出特定結果（簡報、試算表、圖形、影片等）的軟體，數位筆
  記軟體是你擬定目標前自由探索的理想工具。
- **行動導向**（Action-oriented）：與圖書館或研究資料庫不同，
  個人筆記不須包羅萬象或準確無誤。數位筆記是設計來幫你迅
  速排除雜念，以持續專注於完成手上要務。

紙本記事本也具有以上四大特質，而借助科技新增的驚人能
力——搜尋、分享、備份、編輯、連結、跨平台同步等，這些恆久的
益處在數位筆記軟體上得以更加彰顯。數位筆記結合了可輕鬆發揮創
意的日常速記本以及現代軟體的科技力量。

選用哪些應用程式和工具取決於個人，以及你使用的行動裝置、工作或事業需求，和你的性情與品味。軟體的前景展望是動態的，而且變化無常。軟體會不斷推陳出新，也會經常更新或增添新功能。你可以在 Buildingasecondbrain.com/resources 這個網址找到免費且持續更新的指南，作為選擇數位筆記軟體和第二大腦其他相關工具的參考。

雖然你一直會運用許多不同的軟體來管理資訊和處理工作，比如說文書處理應用程式、簡訊平台、專案管理工具等，但數位筆記應用程式是唯一為個人知識管理而設計的軟體。

最好由檢視你已擁有或者正在使用的軟體著手。你可以現在開始運用一種基本的數位筆記軟體，往後再因應日趨複雜化的需求進行升級。*

最重要的是，不要陷入完美主義的陷阱，無須堅持必定要擁有功能齊備的「完美」軟體再來做筆記。至關緊要的不是具備完美的工具，而是擁有一組能夠倚重的可靠工具，並且清楚自己總是可以在日後更換這些工具。

記憶、連結、創造：個人知識管理的三大階段

據我觀察，人們著手打造第二大腦後，通常會經歷三大進展階段，分別是**記憶**（remembering）、**連結**（connecting）和**創造**

---

* 多數筆記軟體有提供輸出標準格式檔案的方法，如此即可把檔案轉存到其他札記軟體。我個人曾兩度轉換平台（先是從微軟 Word 換到谷歌 Docs，後來又換成 Evernote），而且預料未來還會隨著科技日新月異規律地換用各種平台。

（creating）。我們必須投注相當的時間才能全面釋放數位工具的使用價值，以強化和擴展心智能力。而在整個過程的每個步驟，我們都會有明顯的收穫。

第二大腦的初次使用者傾向於藉它來輔助記憶。你會慣用數位筆記儲存難以記住的事實和想法，比如說會議的重點、訪談內容，或是專案的細節等。

加拿大魁北克新創公司共同創辦人暨首席設計師卡蜜兒，專為大型住宅建築群設計電動車充電站，她總是把眾多相關研究報告摘要存放在第二大腦。這些報告多數採用惡名昭彰、不靈活又難用的 PDF 檔案格式，不過她可在第二大腦的數位筆記軟體上，為這些檔案添加任意數量的註解和評論。

第二大腦的第二個用法是以它來連結各式各樣的思維。這時第二大腦從**記憶**輔助工具演進成為**思考**工具。你的職場導師建言將在你身處不同團隊但遭遇相似處境時派上用場。書本裡具啟發性的隱喻將可融入你的簡報裡。你掌握的種種想法將彼此連結，並交互促成新思維開花結果。

舉世知名醫院的腫瘤科醫生費爾南多運用第二大腦管理病歷。他在其中概述每位病人健康史的關鍵要點，且聚焦於他們的病況持續時間、接受過的治療，及病患腫瘤的主要特徵。費爾南多以第二大腦把醫學訓練、研究累積的知識和病患的需求**連結**起來，這使他能夠更有效地醫治患者。

人們運用第二大腦的第三種方式是以它來創造新事物。你已體認到自己對某領域的知識已很充足，於是決定將其轉變成具體且可分享

的事物。由於備齊了大量知識整裝待發，你已有了放手一搏為眾人帶來正面影響的勇氣。

有三個小孩的年輕父親特雷爾任職於美國德州大型科技公司。當他上完我的課程後，運用第二大腦創立了一個 YouTube 頻道，分享各種關於親職教育的故事和資訊。舉例來說，他製作了一些如何帶小孩出國旅行、怎麼請產假及陪產假的影片，還分享了全家周末出遊的點點滴滴。

第二大腦幫助他記住所有影片的拍攝構想，以及製作細節，這讓他得以在全職工作與副業之間取得平衡，同時還有足夠的時間陪小孩。他以第二大腦實現自我表達，並**創造**出想向世人展示的內容。

上述幾位人士善用科技的槓桿作用來記憶、連結和創造，而效益遠高過只依靠自身大腦所及。❽ 第二大腦充實了他們的人生。當時代變遷時，他們將有能力調適其運用筆記的方法，俾使筆記不致與時代脫節而能持續派上用場。

CODE 方法入門：記住重要事情的四大步驟

為引導讀者了解第二大腦的建構過程，我發展出 CODE 這套簡明且直覺的方法，當中包括獲取、組織、萃取、表達這四大步驟。

這些不只是打造第二大腦的首要步驟，也是後續運用第二大腦的關鍵要點。當中每個步驟都代表人類史上發現的一項恆久原則，其時間跨度從最早期的洞穴壁畫時期，穿越藝匠工作室盛行的文藝復興時期，直到最先進的現代。對於任何專業、角色、職業以及筆記方法或

平台來說，這些都是靈活且獨立的步驟。而且我敢打賭，不論你有沒有意識到，都已透過某種形式實行過這些步驟。CODE是我們日常面對無止境的資訊流的導航圖，也是創造現代手札、適應資訊時代需求的一種方法。

　　就如同決定身高和眼球顏色的基因密碼一樣，我們的想像力也有與生俱來的**創造**密碼。它形塑我們思考以及與世界互動的方法。它也反映於我們用來處理資訊的**軟體**程式碼。它亦是歷史長河裡的一組**密碼**。如今，揭示其運作方式的時機已經成熟。*

　　我們先預覽一下CODE法的 四大步驟，然後再於隨後的章節深入詳述其細節。

---

* 有個奇妙的巧合：挪威科技大學神經生理學家邁—布里特・莫澤（May-Britt Moser）與愛德華・莫澤（Edvard Moser）新近的研究顯示，人類大腦中的網格細胞構成一個定位系統，並運用「網格密碼」（grid code）來記憶資訊。他們推斷，「網格密碼可能是某種十進制系統或座標系統」，而且能夠「獨特並有效率地表示大量的資訊」。

C 獲取：儲存引發共鳴的資訊

　　每當我們啟動智慧型手機或電腦，隨即會沉浸於川流不息、有聲有色的內容。那些資訊多半既有用又有趣，它們有的是關於如何提高生產力的指南，有的是專家在播客節目分享的得來不易經驗，有的是旅遊景點令人心動的照片。

　　問題在於，我們無法消化龐大資訊流的所有內容。如果我們嘗試這麼做，很快就會精疲力竭並且不知所措。我們必須採取策展人的觀點，退一步思考源源不絕的資訊流，並著手就所需內容做出有意識的決斷。

　　我們要仿效只捕捉最稀有蝶類帶回實驗室的科學家，僅獲取真正值得我們保存的想法和洞見。即使我們想置身事外，周遭環境始終充斥著不斷累積的各式內容，當你閱讀本書時，電郵收件匣可能已被塞爆，社群媒體更新訊息蜂擁而至，手機上的新通知更是應接不暇。對於這些，我們頂多只能隨意看看。

　　或許你會把速成的筆記用電郵傳給自己，或就某個構想集思廣益，或在某本書上標示重點，而這些資訊最終可能分散各處，以至於無法相互連結。於是，你精心發掘的洞見可能仍擱置在早已遺忘的資料夾或雲端硬碟裡。

　　這類問題的解決之道在於，**只把激發共鳴的資訊保存在**你信任且可掌控的地方，並且忽略其餘的資訊。

　　能激發共鳴的資訊會使你仰仗直覺。通常是最別出心裁、饒富趣味、能派得上用場的想法最有共鳴。你不必為它們進行分析和採取決斷，也無須多想它們為何能觸動你的心弦，只須在內心尋找滿足感、

求知欲、驚嘆或興奮等信號，以確認資訊獲取的時機。

藉著訓練自己留意種種觸發共鳴的事物，我們不但可以提升寫筆記的能力，也能增進對自身和可激勵自己的事物的了解。這是強化直覺的一種方式，藉此我們可以洞察直覺所能提供的智慧。

養成獲取知識的習慣對心智健康和內心平靜有立即的益處。我們得以免於關鍵時刻智識不足的恐懼。與其在所有新奇標題和新通知之中隨波逐流，我們可以選擇取用能為人生增添價值的資訊，並且有意識地拋開其餘訊息。

O 組織：著眼於可操作性

著手獲取能激發共鳴的種種資訊後，還必須使它們有條有理。

你難免渴望創造層次分明的完美檔案資料夾，以容納想要擁有的所有知識。然而，即使可能辦得到，你也會耗掉難以置信的時間與精力，以致無法專注於當前要務。

多數人傾向依照主題來組構資訊，這種方法類似於圖書館普遍採用的杜威十進分類法（Dewey decimal system）。比如說，書籍可能被分別歸類到「建築」、「商業」、「歷史」或「地理」等廣泛的主題範疇。

我們可運用更輕便簡易的方法來組織數位筆記。鑑於優先要務和目標可能會突然改變，因此我們理當避開過於死板、不容變通的方法。最好的方法是根據**當前正進行的專案來組構**數位筆記。你應當按照**效用**來管理新資訊，要不斷問自己：「這是否有助於推進手上的專案？」

　　不可思議的是，專注於採取行動能使大量的資訊變得極為精簡，而且運用起來極有效率。相對來說，可付諸行動而且隨時都可操作的構想並不多，這意味著你可以明確地過濾並忽略掉其他事情。

　　為實務工作而彙整各式想法會使你的思路無比清晰，因為你知道儲備的所有資訊確實都能滿足需要。你清楚它們都與你的目標和優先要務保持一致。它們將有所貢獻，而不會阻礙你發揮生產力。

D 萃取：找出精髓

　　只要你著手把各式構想集中存放，並著眼於實務、將它們組織起來，即能洞悉它們之間的各種關聯。

　　一篇有關園藝的文章或可提供擴大客群方面的洞見。某位顧客的評語可能觸發你創造一個收錄客評的網頁。一張名片或將使你想起某次耐人尋味的對話，你可以再約對方喝咖啡。

　　人類的心智就像熱騰騰的煎鍋，往鍋裡撒一把種子，新點子將會像爆米花一樣迸發。所有筆記會一再提醒你所知所感和對某主題的既有想法，進而成為萌生新主意的種子。

　　有個強效的方法可以加速聯想的過程：**萃取出札記的精華**。

　　所有想法都有其「精髓」，也就是有它嘗試表達的精神核心。要闡明複雜的洞見可能需要數百頁筆記和千言萬語，但我們始終有辦法言簡意賅地傳達核心訊息。

　　眾所周知，愛因斯坦以 $E = mc^2$ 這個公式總結了他革命性的物理學新理論。我們可以師從他萃取思想精華得出精湛方程式的方法，好識別和提煉文章、書籍、影片或簡報的精髓。

　　為什麼輕易找出筆記重點的能力如此重要？因為在繁忙的工作日，你不會有時間去檢視去年的十頁讀書筆記，你需要迅速找出筆記精髓的能力。

　　如果你已經在閱讀過程中畫出重點，就可以提醒自己這本書有哪些內容，而無需花上數小時重讀一次。

　　我們只須在閱讀筆記時標示出重中之重，因此每回做筆記時都要自問，「我如何使它在未來盡可能有用？」這將引導你為筆記裡的字句加上註解，以說明筆記的原由、當下心中的想法，以及確切是什麼吸引了你的注意力。

　　如果你無法在未來解讀筆記內容，或者內容過長而使得你望而卻步，那麼這些筆記將毫無用處。你要把自己想成不只是筆記的**書寫者**，更是筆記**贈與人**，也就是說，你送給未來的自己容易發現和理解的知識禮物。

E 表達：秀出你的成果

　　前述三個步驟全都是為最終的目的預做準備，亦即與他人分享你獨特的想法、自身的故事，以及自己的知識。

　　如果知識不能幫助任何人或產生任何成果，那又有什麼意義？ *
不論你的目標是減重、在職場獲得升遷、開展副業，或是強化社群連結，個人知識管理系統都可為你的行動提供奧援。

---

* 英文 productivity 與拉丁文動詞 producere 的字源相同，兩者都指涉創造，這意味在一天結束時，如果你拿不出某種產品或成果，人們會質疑你是否有絲毫的創造能力。

　　富好奇心且愛學習的人常遭遇的挑戰是，習於不斷強制灌輸給自己愈來愈多的資訊，卻從來不曾確實踏出下一步和實際運用資訊。我們可能彙整大量研究數據，但從未交出過自己的提案；蒐集商業個案研究資料，卻始終沒說服過任何潛在客戶；研究一切關於兩性關係的有用建議，卻不曾向任何人提出約會邀請。

　　我們輕易地無限期擱置和推遲可充實人生的各種體驗。我們總是認為自己還沒做好準備，因而畏懼不前。我們無法忍受自己缺乏一點資訊，並且認為只要資訊齊備就可使一切完全改觀。

　　我要告誡讀者們，這樣活不出最好的人生。唯有實際運用才能使資訊成為個人化、具體化和經過驗證的**知識**。唯有體認知識很管用，你才會對知識具有信心。否則，知識就只是理論而已。

　　因此我建議你盡可能把時間和精力投注於創造，而不要將其耗用於消費資訊。* 我們都自然而然地具有創造的欲望，渴望為生命帶來某些良善、真實或美好的事物。❾ 這是我們人類天性的基本要素。創造不僅最能實現我們的抱負，還能經由啟發、娛樂和教育等方式，對他人造成正面影響。

　　那麼，我們應創造什麼？

　　這取決於你個人的技能、興趣和個性。如果你很擅長分析，可以評估各種露營裝備，並列出推薦用品清單分享給親友。假如你喜好指導別人，則可錄製點心製作教學影片，然後發布於社群媒體或部落

---

* 消費主義者相信資訊愈多愈好，也認為永遠不會有足夠的資訊，且覺得既有的資訊始終不完備。這正是許多對上網時間不滿足的人內心的想法。我建議大家與其試圖找到「最好的」內容，不如專注於創造事物，這樣做更能讓你心滿意足。

格。如果你關心公園等地方議題，則可創製一項計畫來遊說市府與議會，好爭取更多經費。

所有這些行動 —— 評估、分享、教學、錄影、上傳網路、遊說 *—— 都是自我表達的作為。它們全都從外部來源取用素材，且均涉及與時推移、逐步完善的實質過程，而且最後都會對你關懷的人、事、物產生影響。

資訊始終川流不息，且總是處於未完備狀態。由於不會有真正完善的資訊，所以我們不須等待著手創造的時機。你可以現在就推出一個簡單的網站，隨後再逐步添枝增葉。你也可以當下就發出一篇文章初稿，等日後有更多時間再修飾潤色。愈早展開行動，你就能盡早踏上日益精進的路程。

我已引介了不少新概念和術語，讀者此刻可能會感到有點招架不住。你或許會覺得，必須要勤學和做很多新的事情，才有能力打造第二大腦。

然而事實不然：建造第二大腦必須做的多數事情，你都已經開始在做了。

你已經在學習新事物，而且即使你想停下來也停不了。你已吸收了許多有趣的想法。你很努力地確保自己了解所需的一切資訊。你需要的只是多一些企圖心和更深思熟慮的資訊管理方法，以及一些確保成功的務實習慣。

---

* 表達行動還包括出版、演說、簡報、表演、製造、寫作、繪畫、詮釋、批評和翻譯等。

　　在第二部裡，我將教你如何運用 CODE 四大步驟，好把記憶、智能和創造力極大化。對於每個步驟，我都將分享一組實用的技法，使你能夠隨即實施並迅速獲致成效。這些技巧並不需要任何先進的科技，只須借助一些你日常使用的行動裝置、桌上設備與應用程式。

第 2 部

方法

CODE四大步驟

第 4 章

獲取——
儲存引發共鳴的資訊

你將失去所有未經儲存的資料。

——任天堂遊戲「退出畫面」訊息

資訊是大腦的糧食。我們把新穎的主意稱為「精神食糧」絕非偶然。

我們需要食物和飲水才能存活，這是不言自明的道理。然而，人類的生存也需要資訊，以助了解和適應環境；維繫人際關係與彼此合作；和做出明智的決斷來增進自身利益。

資訊並非奢侈品，它是我們存活在世非常基本的必需品。

我們有責任也有權利選擇自己吸收的資訊，正如我們有責任也有權利選擇日常吃的食物。我們決定什麼資訊對自己有益、需要更多或更少的何種資訊，以及應如何運用資訊。「人如其食」這句話也適用於我們消費的資訊。

　　第二大腦提供我們過濾資訊流、組織最頂尖構想的方法，並使我們得以將其儲存於私密且可靠之處。你可以把它想成耕耘自己的「知識園地」，在此你可以自由地培育獨特的觀點，以及發展自己的思考方式，而不受他人意見嚴重干擾。

　　知識園地的種子至關緊要，我們應當只在這裡播下最有趣、最能產生洞見、最有用處的思想種子。

　　你可能已從許多不同的來源吸收大量資訊，但或許未曾深思日後要如何加以運用。即使你是勤勉的組織者，卻也可能染上「數位囤積」習慣，最終未能過上更多采多姿的人生。也有可能第二大腦對你來說仍是新鮮事，那麼就從零開始吧。

　　不論是哪種情況，讓我們從起點著手，一起來學習如何運用CODE法的第一個步驟，好開始打造自己的知識寶庫。

建構自有的知識寶庫

　　當代流行與鄉村音樂天后泰勒絲（Taylor Swift）是史上作品最暢銷的藝人之一。她的九大專輯在排行榜名列前茅，於全球熱銷超過兩億張，並贏得無數獎項，當中包含十一座葛萊美音樂獎。她不但在歷來最傑出創作歌手之列，影響力更跨越不同音樂領域，還獲《時代》雜誌評選為百大人物之一，並列名《富比士》雜誌百大名人榜。❶

　　在事業生涯裡，泰勒絲發行過五部紀錄片向世人揭示她的音樂創作歷程。從這些影片裡，我們可以看到泰勒絲如何埋首於手機內容之中。她說：「我沉浸於手機，因為那裡面儲存著許多筆記，我也用

手機剪輯影片。」❷ 在筆記裡，她寫下（以及重讀、編輯和刪除）閃過腦海的歌詞或動人的旋律。她可以把筆記帶到任何地方，也能隨時隨地取用它們，並可即刻將它們同時傳送給多位音樂製作人和合作對象，還能把眾人傳來的回饋意見存進筆記裡。

在某次訪談，她提到〈空格〉（Blank Space）這首熱銷名曲的創作過程：❸「我於日常生活中想到，『哇，我們對親密關係只有兩種實質選擇——不是天長地久就是毀於一旦』，於是在筆記裡寫下了這些想法……後來我想出『親愛的，我是偽裝成白日夢的暗夜噩夢』這句巧妙的歌詞，就把它安排到恰當的地方，將它和近幾年來構想的一些歌詞合寫成了〈空格〉這首歌……這是我歷來所有最佳作品的頂點。」

對於泰勒絲，寫歌並非只有在特定時間、地點才能進行的創作活動，而是意料之外的心智運作結果，新穎的隱喻和樂句會在最意想不到的時刻產生：「寫歌的靈感可能在一天之中任何時刻湧現，可能是在我正經歷某件事情時，或是當事情塵埃落定而且我已想通時。任何時候都有可能。即使只是洗著碗盤或做某件事時，或在訪談進行期間，我腦中都可能形成一個非比尋常的構想。它可能成為一個能抓住聽眾耳朵的段落，或是導歌，或是起頭的歌詞。」她繼續說明即時捕抓這些稍縱即逝的點子何其重要：「把握住那個想法，並看著它最終實現，會令我無比興奮。我必須那麼做，否則我將認為這個構想不夠好，並把它拋諸腦後。」

即使有了迄今的一切成就，泰勒絲仍然需要一個系統來幫她把初始的構想轉化為完成的作品。藉由把筆記與日常生活整合起來，

她能夠將平日的感受與體驗用音樂語言和比喻表達出來，並與自稱「Swifties」的粉絲們締結穩固的聯繫。聆賞泰勒絲的專輯就如同跟隨她展開自我發現之旅。每張專輯都記錄了她的人生各個篇章經歷的變化。

　　這個故事闡明了即使是世上最成功與多產的創作者，也需要一套奧援系統來支持創作過程。這無關你是否具備足夠的天賦資質，天資也需要引導與發展方能超越瞬間火花的格局。傑瑞・賽恩菲爾德（Jerry Seinfeld）可說是他的世代最具影響力的喜劇演員，他在《這有趣嗎？》（暫譯，*Is This Anything?*）一書中寫道：

　　　　每當我想出幽默的點子，不論那是發生在舞台上，或是與人對話時，或是在我喜愛的黃色易撕筆記本上，我會把它保存於老派的手風琴式文件夾裡……許多人似乎對我留存這一切筆記感到訝異。我不了解他們為何覺得意外。還有什麼可能更有價值的事物嗎？我不清楚為何要保存此外的任何東西。

　　試想一下你最熱愛的運動員、音樂家或演員。在公眾形象背後，他們都依循著一個過程，規律地把新想法轉化成富創意的成果。而發明家、工程師和強效領導人的情況也都不謀而合。一切創新與影響都不是偶然發生的。創造力始終取決於創作過程。

創造知識銀行：如何使想法產生複利效果

我們在第二章回顧了先前數個世紀的知識分子與作家書寫手札的歷史。對於他們來說，資訊的目的顯而易見：提供寫作、演說和對話所需的知識。他們能夠強勢地看清哪種想法值得被記錄下來，因為他們很清楚自己將如何運用知識。

當今的創作者延續了先人的做法。寫歌的人彙編能使聽眾琅琅上口的樂句和歌詞集錦。軟體工程師打造函式庫以便輕鬆取用程式碼。律師收集舊案例檔案以資未來參考。行銷與廣告人員整理廣告文案用語集以備汲取靈感。

我們面臨著如何以相同方法完成日常工作的挑戰。當我們不確定未來將怎麼運用知識時，哪種資訊才是值得我們儲備的呢？今日的世界瞬息萬變，而我們多半沒有慣用的單一創作媒介。我們無法預知未來，那麼要如何決定為來日備好什麼資訊呢？

面對這些問題，我們有必要極度擴大「知識」的定義。

知識並不只是早已作古的希臘哲人的哲思語錄，也不只是學問高深的學者撰寫的教科書學說。在我們生活的數位世界中，知識最常見的形式是「內容」──文本的片段、擷取的螢幕畫面、瀏覽器書籤欄裡的網路文章、播客節目，以及其他形形色色的媒體訊息。這包括你從外在來源蒐集的內容，以及你書寫電子郵件、擬具專案計畫、集思廣益和私下思考所創造出來的內容。

它們不是沒有價值的隨機產物，而是你所知的一切具體形成的

「知識資產」（knowledge assets）。*

　　知識並非總是要向外尋覓，它實際上無所不在，可能就藏於你的電郵收件匣裡，或是隱身在資料夾的檔案中，或是存於雲端硬碟等待你去發掘。獲取知識就是從閱讀和生活中挖出智慧寶藏。

　　知識資產有時相當平凡無奇，比如說籌畫明年的異地會議時，可拿出來再利用的去年會議財務規畫。有時知識資產非常崇高而且貴重，例如可能改變個人世界觀的深刻讀史筆記。而它也可能介於前兩者之間。知識資產可以是你未來用於化解難題、節省時間、闡明概念，或是藉以鑑往知來的任何資訊。

　　知識資產既可來自外在世界，也能源自內在思維。外部的知識可能包括：

- **標記的重點**：書籍或文章中讀到的具有洞見的段落。
- **引用的佳句**：播客節目或有聲書中聽到的耐人尋味話語。
- **瀏覽器書籤和我的最愛**：扣人心弦的網頁內容或社群媒體貼文的連結方式。
- **語音備忘錄**：用行動裝置錄製的語音札記。
- **會議筆記**：在會議或電話討論時寫下的筆記。
- **影像**：照片等對你有所啟發或令人覺得有趣的圖像。

---

* 麻省理工學院經濟學家凱撒‧伊達戈爾（César Hidalgo）所著《資訊為何增長》（暫譯，*Why Information Grows*）一書，講述了「想像力的結晶體」如何使我們得以把所知轉化成他人可取用的具體事物：「將想法明確化為有形的數位物件，使我們能夠和其他人分享我們的主意。」此外，他還寫道：「我們把想像具體化的能力……使我們能取用他人大腦神經系統裡實用的知識。」

- **課程要點**：在課堂、會議或簡報會上學到的精華。

你會注意到自己周遭已有不少這類資產。它們可能未經組織，散置在多個不同的地方，並且以不一而足的格式被儲存起來。你已經花了時間努力獲取它們。現在你必須做的是把它們集合起來，然後以它們作為你知識園地的第一批種子。我很快就會告訴你該怎麼做。

當你著手從外部世界蒐集這些知識種子，你的內心世界將會迸發新的想法和產生新的領悟。你也可以獲取這些內在思維的果實：

- **故事**：你最喜愛的趣聞軼事，不論那是你親身經歷或是他人遭遇的事。
- **洞見**：你對大小事情的深刻體會。
- **記憶**：你難以忘懷的生活體驗。
- **反思**：你寫在記事本或日記裡的個人感想和人生教訓。
- **冥想**：淋浴時（以開放心態沉思）隨機湧現於腦中的想法。

構想、洞見或記憶的意義通常不是顯而易見。我們必須把它們寫下來，還要修正它們，並從不同的觀點加以檢視，以便領會其中對於我們的意義。要在大腦中做這些事非常不容易。我們需要外在的媒介，好從另一制高點審視自己的想法，而最有效益、也最便利的方法就是把構想寫下來。

用軟體而非記事本書寫個人的念頭，或許會讓你有些顧慮。但請記住，你的第二大腦也是私密的，而且你始終能選擇要它記住什麼。

數位筆記軟體通常預設所有筆記只有你能過目。而如果你想要，也可以分享特定筆記內容。

　　現在，請從上述兩份清單裡選擇二到三種你擁有最多且最珍視的內容。有些人可能偏好源自內在的知識，某些人則更愛來自外部世界的知識，而多數人的喜好則介於兩者之間。即使你最終可學會各種不同來源的知識，從小處起步並按部就班推進，仍是至關緊要的事。

知所取捨

　　我分享的例證範圍看似很廣泛，你可能會思慮是否有任何不應存進第二大腦裡的事物。根據我的經驗，有四種內容不太適合放入數位筆記裡：

- **有資安顧慮的敏感資訊**。你的數位筆記內容可輕易地從任何裝置取用，雖然便利性極佳卻不是很安全。比如稅務資料、政府文件、密碼和個人健康紀錄等，都不適宜儲存在數位筆記裡。
- **以專門軟體處理會更好的特殊格式或檔案形態**。雖然你可以把 Photoshop 檔案或影音素材存進數位筆記中，但始終需要用專門軟體來開啟它們，因此把它們儲存於數位筆記並無好處。
- **非常龐大的檔案**。數位札記軟體著眼於簡短輕巧的文字和圖像，如果你把碩大的檔案放進去，通常會造成它的效能大打折扣。
- **必須團隊協作共同編輯的資訊**。數位筆記軟體很適合個人私密

用途，而在團隊協作方面則不盡理想。你可以把筆記分享給他人，但如果要多人即時協作共同編輯文件，則必須使用其他平台。

十二道最愛的難題：
一位諾貝爾獎得主獲取知識的方法

我們周遭充斥著豐碩的資訊，以致很難判定哪些內容值得保存。有一套具有洞見的練習方法可幫我們更輕鬆地做出取捨。這是個受諾貝爾物理學獎得主理查·費曼（Richard Feynman）啟發的練習，我把它稱為「十二道最愛的難題」（Twelve Favorite Problems）。

眾所周知，費曼具有兼容並蓄的廣泛興趣。他在兒時就已展露工程學方面的天分，曾在父母出門辦事期間，利用一些備用零件打造出運作良好的家用警報系統。費曼的人生多采多姿，曾於巴西的大學教授物理學，還學會了拉丁打擊樂器邦哥鼓（bongo）和康加鼓（conga），而且擁有搭配管弦樂團演出的實力。他更熱中於環遊世界，探索形形色色的人類文化。

當然，費曼在理論物理學和量子力學方面石破天驚的發現，以及在一九六五年榮獲諾貝爾獎更是家喻戶曉。他出版過多部著作，還曾在挑戰者號太空梭爆炸事件調查委員會擔任過關鍵角色。

為何他在這麼多不同的領域都能有所貢獻呢？這位同世代最受肯定的科學家怎麼有時間把生活過得如此充實又有趣呢？他曾在一次專訪中透露相關策略：❹

　　你必須持之以恆地把十二個最愛的難題記在腦裡，儘
管這些難題大體上會處於一種蟄伏的狀態。每當你聽到或讀
到新的研究成果或新的解題訣竅時，就可用它們來測試你的
十二道難題，以驗證它們是否有所助益。只要這麼做，每隔
一段時間總會有一次成功，然後人們會說：「他是怎麼辦到
的？他必定是個天才！」

　　換句話說，費曼的方法是長保一份羅列十二個開放式難題的清
單。而每當有新的科學發現出爐，他就會用那些難題來做檢驗，以了
解新發現是否能為各難題提供新觀點。這樣的跨領域取向使他能在似
乎不相干的研究主題之間找出關聯性，同時也能持續滿足他的求知
欲。

　　誠如詹姆斯・格雷克（James Gleick）在《費曼傳：一千年才出一
個的科學鬼才》（*Genius: The Life and Science of Richard Feynman*）一書
所言，❺費曼曾經從一次晚餐時發生的意外獲得物理學上的啟發：

　　……他當時正在學生餐廳吃飯，看到有人把一個餐盤
旋轉拋到空中。那是一個邊緣印有康乃爾大學校徽的餐盤，
在它於空中轉動之際，費曼經歷了他多年以後所稱的頓悟體
驗。那個餐盤旋轉著，同時也擺動著，由於餐盤上印有校
徽，費曼可以看出餐盤的旋轉和擺動並不同步。在那個時
刻，或許是出自物理學家的直覺，他認為那餐盤的旋轉和擺
動似乎具有關聯性。

　　經過在紙上反覆推敲之後，費曼發現餐盤的擺動率和旋轉率的關係是二比一，而這個巧妙的關聯意味著有更深層的基本原則在起作用。

　　當一位物理學導師問費曼這個洞見有何用處時，費曼回答說：「它並沒有任何重要性……我不在乎這件事情是否至關緊要。但這不是很有趣嗎？」他總是追隨著自己的直覺和好奇心。而此事最終還是有它的重大意義。他對旋轉隱含的方程式的鑽研，為後來贏得諾貝爾獎的研究工作提供了資訊。

　　費曼的方法鼓勵他追隨興趣指引的方向。他提出長期存在的問題，並在閱讀、對話和日常生活中堅持不懈地尋求解答。當他發現了解決方案，就能產生閃耀無與倫比智慧之光的成果。

　　請想想「什麼是我始終感興趣的問題？」你可以問自己「如何使社會更公正且更平等？」這類宏大問題，或是「怎麼養成每日運動習慣？」這樣實際的問題，或者「如何與伴侶建立更親密關係？」這種人際關係問題，或「怎麼投注更多時間從事高價值工作？」此類生產力問題。

　　以下列舉出我的學生提供的一些他們最愛的問題：

- 如何減輕對過往的沉湎並且更專注於當下？
- 如何建構一個符合中程和長程目標與願景的投資策略？
- 如何從盲目消費轉變成正向創造？
- 如何養成早睡習慣而不在孩子就寢後追劇？
- 如何使事業更符合永續經營的環保理念並持續有利可圖？

- 如何克服對於承擔更多責任的恐懼？
- 如何使學校提供更多資源給有特殊需求的學生？
- 如何著手閱讀既有的書籍而不再添購更多新書？
- 如何提高效率同時保持心情輕鬆？
- 如何使醫療健保體系更能回應民眾需求？
- 我能做些什麼讓健康飲食變得容易？
- 如何更有信心地做出決斷？

　　請注意，前述問題有些是抽象的，有些則很具體，有些表達了深切的渴望，有些則展現出自發的興趣。當中有不少問題是關於如何過上更好的生活，有些則聚焦於如何在事業上獲致成功。這個練習的關鍵在於提出不必然只有一個答案的**開放式**問題。你應找出世上令人疑惑且感到好奇的各種難題。

　　這類問題的力量在於它們不會受時間推移影響，總是始終如一。個別問題的確切框架或許會改變，但即使我們轉換了許多專案、工作、關係和職業，我們最愛的那些難題仍傾向於歷久不變。我建議讀者問一下家人或兒時友伴，你孩提時代對什麼特別著迷？有可能兒時的興趣仍持續激發著你成年後的想像力。這意味著你蒐集的任何資訊可能會與你長遠的未來休戚相關。

　　我小時候就像數個世代以來的兒童一樣熱愛樂高積木。而父母注意到我玩樂高積木的方式與眾不同。我全然著迷於用那數千件各種形狀和大小的積木，從混亂狀態中創造出秩序，而不只是費時去組合與重組那些構件。我愈來愈熱中一個想法，那就是只要找出正確的分類

法，最終我將能打造出自己的代表作——我在喜愛的科幻電影裡看到的那種太空船。於是，我依照顏色、大小和主題分別發明了不少新穎的樂高積木組合法。

這個關於「創意如何從混亂中脫穎而出」的難題依然驅動著今日的我。只是如今它的存在形式是組構數位資訊，而不是組合樂高積木。長年追尋這個問題的解方使我學會了許多事情。我的目標不在於一勞永逸找出確切答案，而是以這個難題作為學習過程的「北極星」指標。

現在，請花一點時間寫下一些你自己最愛的難題。以下是我的幾項建議：

- 問一問親近的人，你兒時對什麼最著迷（通常你成年後仍會醉心於相同的事物）。
- 不必在意是否剛好有十二道難題（確切的數目並不重要，但至少要試著提出一些問題）。
- 無須擔心能否擬出完美的清單（這只是第一關，而你始終會與時俱進）。
- 應把它們表述為可能有許多答案的開放式問題（而不是只有單一答案的是／否問題）。

請依據最愛難題清單來決定你要獲取的資訊，也請使用本章稍後將推薦的資訊獲取工具。你還能在 Buildingasecondbrain.com/resources 的第二大腦資源指南裡找到我推薦的工具。

獲取資訊的準則：避免過與不及的方法

　　一旦能辨識出想要第二大腦解答的問題，接下來要做的是明確選定對你最有用處的資訊。

　　試想，你瀏覽網頁時，看到敬佩的行銷專家一則部落格貼文，裡頭講述了她推展行銷活動的林林總總細節。你馬上被吸引住了。這正是你長年夢寐以求的材料！這位大師終於把秘訣公諸於世！

　　你的第一直覺可能是把整篇文章儲存起來。畢竟這是優質的資訊，為何不完整保存下來呢？問題在於，全文是深入且詳盡的操作指南，通篇文章少說有數千字。即使你當下用二十到三十分鐘消化它，未來你要用到它時，依然要再花費許多時間來重讀，因為屆時你將已忘掉多數細節。然而，你也不能只是把網址存到書籤列以便日後閱讀，因為未來你可能想不起來那裡有什麼內容！

　　多數人都會因此感到進退維谷，結果若不是求知若渴地直接讀取網頁內容，然後很快忘掉所有細節，就是在網頁瀏覽器開啟無數的分頁，並對未能獲取一切有趣的資源深感愧疚。

　　其實有方法擺脫這樣的兩難處境。要了解，儘管網路上總是會有特定內容非常耐人尋味，或對你有所助益，或極為珍貴，然而網路內容的**價值分布並不平均**。當你明白了這些，解決方法即顯而易見。你只能萃取那些重中之重的材料，並言簡意賅地寫入你的數位筆記裡。別把書本的整個章節都儲存起來，你只須保存精選過的段落。

　　也不要將所有訪談內容記下來，只須摘錄當中最精華的話語。別留存整個網頁，只須把最有趣的部分擷取下來。數位資訊的「最佳策

展人」對於收藏的內容必須精挑細選，你也理當這麼做。借助數位筆記軟體，當你必須重新檢視資訊來源，或日後想要深入探索資訊細節時，總是可以從儲存的網址連結回溯到原始內容。

獲取數位資訊時會落入的最大陷阱是儲存太多東西。假如你把看到的所有材料都存起來，未來的你將面臨被無數不相關資訊淹沒的風險。屆時運用第二大腦不會比在網上走馬看花更好。

因此，採用策展人觀點（Curator's Perspective）是至關緊要的事。我們應成為精選內容的資訊評審員、編輯和詮釋者。我們要像策展人那樣思考，這意味著掌控自己的資訊流，而非任憑資訊流吞沒我們。開始獲取材料時愈能做到精簡扼要，日後愈能在組織、萃取和表達資訊時節省時間和精力。*

為了恰當地決定哪些珍貴知識值得收藏，我建議你採行以下四個準則：

獲取資訊第一準則：是否對我有所啟發？

心智獲得啟發是人生最珍稀的經驗之一。要拿出最好的工作成果，靈感是不可或缺的燃料。然而，謬思女神並非總是有求必應。即使你可以向谷歌搜尋引擎求索解答，但它無法提供靈感給你。

我們可以運用一個方法更頻繁地召喚靈感，那就是儲備能夠啟發靈感的引文、照片、點子和故事。每當你需要新觀點、激勵或突破

---

* 假如你想更明確知道應把多少內容存到數位筆記，我建議你最多獲取原始來源十分之一的內容。如果超過了，你未來將很難消化這些材料。而十分之一也正好是多數電子書允許你輸出的內容上限。

時，可以從中探尋足以觸發想像力的材料。

　　舉例來說，我有一個長期收錄顧客回饋意見的資料夾。每當我在工作上感到心餘力絀時，都會打開這個資料夾，然後我對事情的看法就會全然改觀。

獲取資訊第二準則：是否派得上用場？

　　木匠習於在工作室角落存放一些零碎的物品，比如說鐵釘、墊圈、木材廢料、金屬片等。這些隨手可得又不值錢的零碎東西，令人意外地往往會在未來發揮關鍵效用。

　　有時你會看到一些當下沒有啟發作用的資訊，但心裡明白它或能在日後派上用場。某些統計數據、參考資料、研究發現或圖表，可能像木匠手邊的零碎物件那樣，總有一天能產生效用。

　　例如，我有一個資料夾專門存放線上和線下蒐集的檔案照片、圖像和繪畫。每當我製作簡報或網頁需要影像時，始終有充足的備用材料可資運用。

獲取資訊第三準則：是否與自己息息相關？

　　與個人休戚相關的資訊是最彌足珍貴的資訊，這包括你自己的想法、反思、記憶，以及引人追憶的事物。就如同人類行之已久的記事或寫日記等做法，我們可用數位筆記軟體記錄自己的生活，以便深入了解自身變化的歷程。

　　其他人並無法取用你個人從生平的對話、過失、勝利與各種教訓中汲取的智慧。他人也不會像你那樣珍視自己日常生活的點點滴滴。

我時常把自己和親友互傳的簡訊畫面擷取下來，這些充滿溫馨與幽默的小時光留影對我彌足珍貴，畢竟我無法始終親自陪伴他們。我與親友的對話將恆久地留存在第二大腦裡，而這只需要一點點時間就能辦到。

獲取資訊第四準則：是否令你意想不到？

我注意到有些人寫在筆記裡的泰半是他們已知、早已認同或能夠猜到的想法。我們人類有種自然的傾向，會尋找證據來確認自己已經相信的事情。這是一個被充分研究過的現象，學者們稱它為「確認偏誤」（或稱「佐證偏差」〔confirmation bias〕）。❻

這並不符合第二大腦的用途。著名資訊理論家克勞德·夏農（Claude Shannon）的發現為現代科技發展鋪平了道路，他曾對「資訊」下了一個簡單的定義：「令你意想不到的事物。」❼

如果它沒讓你感到驚喜，那就表示你在某種程度上已對它有所認知，那麼又何必費心做筆記呢？我們應當衡量資訊有沒有改變思維的潛能，而「出乎意料」是個極佳的測驗指標。

有時你會遇見既不具啟發性，也不是個人休戚與共，而且沒有明顯用途，但令你感到驚喜的資訊。你可能難以確切指出原因，但它與你既有的觀點相互衝突，而且使你的大腦活躍了起來。那麼你理當把它保存下來。

你不該用第二大腦來確證早已認知的事情。我們身邊不乏只餵給我們已知資訊的各式演算法，而且社群網絡日復一日地鞏固著我們既有的思維。

　　我們獲取資訊的能力應有不同的面向。我們理當儲存可能相互牴觸、挑戰我們既有想法的各種內容。我們可以訓練自己從五花八門的來源獲取材料，並且不立即妄下結論。藉著玩味林林總總的主意——扭轉、延伸、重新混合它們——我們不再固著於它們初始的呈現方式，並能借用某些面向或元素來推展我們的工作。

　　假如你獲取的資訊不能促進心智成長，那豈不徒勞無功？

最終要獲取能引發共鳴的資訊

　　我提供了一些具體準則幫助你判定什麼資訊值得獲取，然而你在本章最應學會的是獲取能觸發共鳴的資訊。

　　原因在於：使用檢查表進行分析、再做出決定是費勁且壓力沉重的事情。這會耗掉你大量的腦力。而投注過多精力於做筆記上，你就沒有足夠的活力來進行後續的添加價值步驟（促成關聯、想像各種可能性、推導理論、開創自己的新想法）。更不用說，如果把閱讀和學習搞成不愉快的經驗，你將逐漸荒廢閱讀與學習。養成閱讀習慣的秘訣在於努力而不費力，而且要能享受它的樂趣。

　　當你消化網路內容時，想想你內心是否受到感動，或是覺得它的主意讓人意想不到。這種產生共鳴的特殊感覺就如同心靈的回聲，那是直覺在告訴你，這是真正值得重視的想法。你不必弄清楚它觸發共鳴的原由，只須留意一些跡象：你的眼睛可能略微睜大，你的心跳可能漏了一拍，你的喉嚨可能輕微乾渴，你的時間感可能微妙地放緩，彷彿周遭世界漸漸淡出。這些線索都在提醒你：這是應當儲存的資

訊。

神經系統科學研究指出，「各種情感會使理性思考有條有理，而非擾亂理性思考。」[8] 當某種事物激發共鳴時，正是以情感為基礎的心靈直覺在告訴我們此事饒富趣味，然後我們理性的大腦會試著去解析原因。我時常發現一些內容會以當下無法解釋的方式，使我深感心有戚戚焉，而它們真正的潛能要待日後才會變得更加明確。

科學實證顯示，我們的直覺有自知之明。《行為改變科學的實務設計》（*Designing for Behavior Change*）[9] 一書指出：

一項著名研究（譯註：「愛荷華博弈任務」〔Iowa Gambling Task〕）是：參與者在電腦遊戲裡擁有四副可用的撲克牌，當中有些牌會讓他們贏錢，有些則會使他們輸錢。當他們開始玩牌時並不清楚這四副牌有好牌和壞牌的差異，但在玩過幾輪之後，當他們意識到自己快要用到會輸錢的牌時，身體會出現一些實質的「緊張」跡象。這是一種自動反應，發生的原因在於他們的直覺領會到牌局不對勁，而且搶先理智的大腦認知到這四副牌有蹊蹺。

作者下結論說：「我們直覺的心靈能學習和回應，而且甚至不須借助有意識的覺知。」

如果你忽視發自直覺的內心聲音，你的直覺將會隨著時間慢慢銷聲匿跡。假如你訓練自己去傾聽，內心的聲音將會日漸強大，甚至能在各種處境中隨時提點你。它會指引你做出抉擇和適時把握機會，還

會警示你遠離那些不利的人和場合。它將無畏無懼，堅定地說出你的想法並維護你的立場。

就創作和人生來說，我想不到任何比傾聽內在直覺的聲音更重要的事。它是想像、信心與自發性的泉源。你可以特意訓練自己每日傾聽直覺的聲音，並把它告訴你的事情寫進筆記裡。

除了獲取那些觸發共鳴的資訊之外，還有一些普遍有用的細節值得收入筆記中。比如說筆記內容的原始網址、網路文章的篇名、作者或出版者、刊載的日期等關鍵資訊。*許多獲取資訊的工具甚至可以自動辨識和儲存這些細節。此外，記錄文章的題名、章節標題、條列式要點通常也有用處。這些由原作者萃取的內容精華可為你的筆記錦上添花。

選擇資訊獲取工具

現在你已知道應把哪種資訊儲存到第二大腦，接下來要來談核心問題：獲取資訊究竟是怎麼運作的？

假設你決定把一篇深刻的行銷文章裡與專案最有關聯的建言儲存起來。多數的數位筆記軟體（第二章已介紹過，在 Buildingasecondbrain.com/resources 這個網頁的第二大腦資源指南也有提到）內建的功能可幫你獲取外部來源的摘要，而且你始終可以輕鬆運用剪下和貼上的方

---

* 即使來源網頁消失了，你通常能使用「網站時光機」（Wayback Machine）和網頁關鍵資訊來找到失效網頁的存檔副本。「網站時光機」是網際網路數位檔案館（Internet Archive）旗下一項網頁保存計畫，其網址是 https://archive.org/web/。

式，把所要的內容直接放進數位筆記裡。此外還有不少更專門的「資訊獲取工具」，使用起來也容易上手甚至頗為有趣。

最常見的選擇包括：

- 電子書應用程式，通常能讓你一次輸出全部摘要和註解。
- 「稍後閱讀」應用程式，可讓你用標籤功能把線上內容標記起來，以備日後閱讀（也可用在播客節目或網路影片，方便來日聆聽或觀賞）。
- 基本的數位筆記軟體，行動裝置常見這種預先安裝的軟體，它們的設計旨在便利用戶獲取篇幅較短的文章段落。
- 社群媒體應用程式，一般能讓你將「最愛的」內容輸出到數位筆記軟體。
- 網頁截圖應用程式，可讓你把擷取的部分網頁存起來（數位筆記軟體通常內建此功能）。
- 語音檔轉文字（逐字稿）軟體，它能把語音轉換成文字。
- 其他第三方服務、整合服務與外掛程式，它們可使不同應用程

式間的檔案傳輸過程自動化。

　　以上工具有些是免費的，其餘則收取小額費用。有些工具是悄悄在背景全自動運作（例如將你在電子書上畫的重點自動同步到數位筆記軟體），其他則需要動手操作（比如說用手機把紙本筆記的內容拍成照片存為數位檔案）。* 無論如何，獲取資訊可在彈指之間完成，你只要按下分享、輸出或儲存即大功告成，你想要的最優質資訊便存進了你的第二大腦。

　　但是你後續還會用到許多不同的工具來管理資訊，比方說利用電腦的檔案資料夾、雲端硬碟，和各式分享工具與文件協作平台。你可把資訊獲取工具想成神經系統的外在延伸，它展延到外部世界，使你能感知周遭的事物。不論你使用多少種軟體，別讓資訊散置於數十處不同的地方，否則你永遠不會想去找出它們。要確實把你獲取的最佳資訊傳送到數位筆記軟體儲存在一起，如此取用才會方便。

　　以下是一些最熱門的資訊獲取工具使用方式：

- **從電子書獲取重要內容：**多數電子書應用程式的標示重點功能非常容易上手。假如你使用亞馬遜電子書閱讀軟體 Kindle，你可以用手指滑過句子或段落把它標記為重點，然後使用分享功能把這些重點一次全都輸出到數位筆記軟體。你也能夠在字句

---

* 軟體的園地日新月異，因此我製作了一份資源指南，裡頭有不斷更新的最佳資訊獲取軟體推薦文。那些軟體有的免費，有些則須付費，而且它們可應用於多種不同的裝置和作業系統。 你可在 buildingasecondbrain.com/resources 找到這份指南。

旁加註評論，以幫助自己記住耐人尋味之處。

- **自線上文章或網頁獲取摘要：**當你看到值得收藏的線上文章或部落格貼文，可將它儲存到「稍後閱讀」應用程式，你可以把這類軟體想成數位雜誌架，上頭陳列著你想在來日閱讀的一切內容。每當你有空時（比如休息時間或下班後），可以從儲存的文章裡選一篇出來閱讀。你也能像讀電子書那樣畫重點，它們也可透過第三方平台自動輸出到數位筆記軟體。

- **從播客節目引用佳句：**許多播客應用程式可讓你把節目加入收藏夾，或是擷取節目片段。有些軟體甚至可把語音轉成文字，並能輸出到數位筆記，還可加以搜尋。

- **獲取語音備忘錄：**你可使用手機錄製語音備忘錄，而且能把錄的話全都轉成文字並輸出到數位筆記中。

- **獲取 YouTube 影片字幕：**這是個鮮為人知的功能，但幾乎所有 YouTube 影片都有自動產生的逐字稿。你只要按下「顯示轉錄稿」（Open transcript）按鈕，網頁右邊就會出現一個字幕記錄視窗。你可從這個視窗裡複製字幕並貼到數位筆記裡。

- **從電子郵件摘取重點內容：**多數高人氣數位筆記軟體有個功能可讓你把任何電郵轉寄到特殊網址，如此即可把完整的電郵（包括附加檔案等）加入數位筆記裡。

- **從其他應用程式獲取內容：**你可以在數位影像應用程式編輯照片，或用繪圖軟體畫素描，或在社群媒體應用程式對各式貼文按讚。而只要這些軟體有分享或剪下與貼上的功能，你就能把其中的內容直接儲存到數位筆記裡。

思考外化有意想不到的益處

在我們通勤、看電視、陪小孩玩耍或是淋浴時，時常會有一些想法隨機產生。

你的第二大腦提供你一個好所在，可以將在腦海中翻滾的雜亂想法集中起來，並將它們停泊在等候區保管妥善。你也可以把它們存進第二大腦中，這不但能讓你長期保存這些構想，另外還有許多深切的好處。

首先，自己遣詞用字寫下的資訊往往較容易記住，這就是學界所稱的「生成效應」（Generation Effect）。❿ 研究人員發現，相較於只是單純閱讀，主動積極地產生一系列文字（比如演說或寫作）能使大腦更多部位被活化。書寫是反覆敘述想法的一種方式，就像是舞蹈和投籃都須不斷的排演和練習，正所謂熟能生巧。

而增進我們的記憶只是開端。當你以書寫的方式表達一個主意，這不僅是把心智活動轉化成書面或數位形式的內容，還能創造出原先不存在的新知識。你寫下的每個字都可能觸發泉湧的念頭和聯想，並導出更進一步的想法。這一切都可能發生在紙上或數位裝置的螢幕上。*

思考不單只能促成寫作，寫作會使思想更加豐富。

---

* 正如丹尼爾・瑞斯伯格在《超然獲益：放聲思考的好處》（暫譯，*The Detachment Gain: The Advantage of Thinking Out Loud*）一書的解說，這被稱為「超然獲益」（detachment gain），意指「思維外化在功能上的收穫」，比如演說或寫作帶來了「新發現的可能性，而這是任何其他方式可能無法獲得的結果」。如果你曾為了記住某個英文字的拼法而把它寫出來，那麼你已體驗過前述的事情。

　　甚至有重要證據顯示，以書寫來表達思維能促進我們的健康和幸福感。[11]最常被引用的一九九〇年代心理學研究報告指出，「用文字來表述情感事件，可促成深刻的社會、心理與神經系統變化。」

　　廣泛的控制變數研究發現，書寫自身內在經驗往往能使人減少求診次數，還可增進自體免疫能力和緩解苦惱。只要勤於寫作抒情的文章，學生的學業成績會有所提升，專業人士遭裁員後能很快找到新工作，公司員工缺勤率也顯見降低。最令人感到驚奇的是，他們都沒有仰賴其他人的回饋。他們寫的文章都沒有讓人閱讀或回應。他們純粹是從寫作獲得那些益處。

　　或許從大腦外部獲取內容最立即的好處，是可以擺脫我所稱的「反應循環」（reactivity loop）──受急迫感、義憤填膺和感情用事驅策而忙忙碌碌卻一事無成，這簡直就是網際網路上眾多活動的特徵。初遇一種想法就馬上急著決定它的意義，實在是最糟的時機。你理當暫且置之不論，先讓自己客觀一些。

　　有了第二大腦這個應對媒體風暴的護盾，我們不須再立刻回應每個想法，或擔心漏失構想的風險。我們可以暫時擱置它，等稍後比較冷靜和理智時再來了解。我們可以慢慢吸收新資訊，並把它整合進思維裡，如此即可擺脫當下各種迫切需求的束縛。每當我讀取先前儲存以備日後閱讀的資訊時常會驚嘆，許多當下似乎很重要的事其實根本微不足道。

　　做筆記是把思考外化的最簡易方法，這不需要特殊技能，而且本質上是私密的，並可在任何時間與地點進行。一旦將思維外化，我們就可檢視、考察和改善自己的各種想法。這正是全面釋放思想潛力的

一條捷徑。

如果獲取知識輕而易舉，你會如何看待它呢？

　　我在本章介紹了不少觀念，也很清楚你需要時間加以消化吸收。獲取知識的方法不計其數，而剛起步時，所有的選項難免使人茫然不知所措。

　　我想用一個開放性問題來引導你踏上知識獲取之旅：如果獲得知識很容易，那麼你會如何看待它呢？

　　思考一下你想要增加或減少獲取哪種知識。斟酌一下你對此的感想。想想哪種內容是你耳熟能詳而能輕易上手的？你在今天或本周將如何獲取知識？平均來說，我每天只寫兩份筆記。你今天的筆記將收錄哪兩個想法、洞見、觀察、觀點或教訓呢？

　　重要的是，要持續使知識獲取相對地不費勁，因為我們才剛起步。做筆記應成為不費吹灰之力的事，因為你必須為後續步驟保留時間與精力，如此才能使獲取的知識全面發揮其價值。

　　獲取資訊絕非愈多愈好。要專注於你的親身經歷，盡可能從生命果實擠出更多汁液，也要更加聚焦於細節，充分品味人生的每個時刻。

　　不須擔心你獲取資訊的方式是否正確。並沒有所謂正確的方法，因此也沒有錯誤的方式。要確認你獲取的是不是好東西，唯一的方法是使它在現實生活中派上用場。我很快就會談到這個重點，但此刻請先嘗試使用一些數位筆記軟體和資訊獲取工具，以確認哪些最適合

你。也別忘了我為你整理的相關資源指南。

　　如果你在任何地方覺得卡關或是感到茫無頭緒，請退一步思考，也請記得數位世界沒有恆常不變的事物。數位內容具有無窮盡的可塑性，因此你無須堅守任何決定。CODE法的每個步驟是相輔相成的，但你也可以個別運用它們。請從觸動你心弦的部分著手，並隨著自信日益增長，逐步向外擴展求知範圍。

　　在下一個章節，我將闡明如何善用你收藏於第二大腦的知識資產。

第 5 章

組織——著眼於可操作性

生活要規律而且井然有序，
如此你在工作上將能無畏無懼且創意十足。
——法國小說家福婁拜（Gustave Flaubert）

崔拉・夏普（Twyla Tharp）是現代最具盛名也最富創意的舞蹈家之一。她已有一百六十多件作品，當中包括一百二十九部舞劇，兩個電視特別節目，六部好萊塢電影的編舞，四部百老匯舞蹈劇，以及兩套花式溜冰節目。

舞蹈似乎是不需要「組織得有條有理」的一門著重創意的藝術。舞蹈講究現場演出，主要動用舞者的身體，且常有即興和自發的表演。然而，夏普在她的著作《創意是一種習慣》（*The Creative Habit*）裡指出，❶ 舞蹈創作過程的核心存有一種簡單的組織技巧，它推動了夏普不可思議的六十年多產生涯。

夏普把它稱為「檔案盒」（the box）方法。每回她展開一項新專

案時，都會取出一個可以摺疊的檔案盒，在上面標記專案名稱，通常是她正在編排的舞劇的劇名。這個初始行動讓她一開頭就具有目的感（sense of purpose）：「檔案盒使我覺得有條不紊，即使在還不知道將往何處走時，我已上緊發條。這也表示我有責任感。這個簡單的在檔案盒上寫下專案名稱的行動，意味著我已展開新工作。」

她會把一切與專案相應的事物放進檔案盒裡。這個盒子宛如調製創意精力湯的魔法鍋。任何時候夏普發現了新材料，比如說「筆記內容、新聞剪報、音樂光碟、在工作室拍攝的錄影帶、舞者排演的影片、曾啟發我的書籍與照片和藝術品等」，她總是知道該把它們放到哪裡。

夏普在書中說了一個故事，講述檔案盒如何成為特定專案的無價之寶。當年她與流行搖滾樂巨星比利・喬（Billy Joel）合作，以他的一系列歌曲創造長篇舞作。這是個藝高膽大的構想，性質介於演唱會與音樂劇之間，但又和這兩者都截然不同。那些歌曲分別講述了許多人物的不同故事，因此夏普不清楚要如何把這許多角色融合在同一個敘事之中。

即使這是一個開放式的專案，她依然用所有舞作相同的創作方式來開展它。她說：「我信奉秉持一個明確目標來啟動專案的做法。有時目標只不過是一種個人的思考工具，比如說『保持簡單』或是『做到完善』或者『力求精簡』之類的口頭禪，用於迷失方向時提醒自己初始的想法。我會把它寫在紙條上，而且這是我放進檔案盒裡的第一件東西。」

對於她與比利・喬的合作案，夏普有兩個目標：第一個是了解和

掌握敘事在舞蹈中的角色,這是創作過程中長期令她好奇的一項歷久不衰的挑戰。第二個目標則比較實際,但同樣地激勵人心:給舞者們更好的薪資待遇。她表示,「我用兩張藍色的索引卡片為這個專案寫下『說故事』和『使舞蹈能賺錢』這兩個目標,並且把它們放進專案檔案盒裡……寫這本書時,它們就在盒子底部,而且上面堆滿了數個月累積的研究資料。它們如同船錨一樣,把我和初始萌生的念頭連結在一起。」

此後,夏普持續把專案相關的研究資料和種種構想收進檔案盒裡,當中包含比利・喬的音樂錄影帶、現場演唱錄影、演說內容、照片、新聞剪報、歌單,以及關於這些歌曲的筆記。她還蒐羅有關越戰的新聞影片和電影,以及那個時期的重要著作。她甚至運用來自其他檔案盒的材料,包括某個始終未能登上舞台的棄置專案。

夏普彙集這一切並不只是給自己使用。它們也成為她的團隊的靈感來源,比如說她向服裝設計師分享了一對耳環和繩結編織背心,以迷幻燈光秀啟發了燈光設計師,與團隊共享其他舞劇的照片,和提供比利・喬童年時期長島住宅資料給布景設計師參考。

所有用於創作的原始材料最終塞滿了十二個檔案盒,但是從外部世界彙集創作材料並不意味著夏普沒有投注自己的創意。舉例來說,她發現比利・喬早期純真又甜美的歌曲〈隨心所欲〉(She's Got a Way)有一組詳盡的筆記,並且決定改變這首歌的意義:「你可從我的筆記看出,這首歌變得較為苛刻無情,最終衍生出兩個同時進行的烏煙瘴氣酒吧場景,一個在越南,另一個則在美國家鄉。我覺得有義務警示比利『這將會毀掉那首歌』,但他並不擔心,只說了一句『放

手一搏吧』。」

　　檔案盒使夏普在創作過程中具有許多強大優勢。

　　她從檔案盒獲得了昂首闊步、不畏風險的自信：「對我來說，檔案盒就如同土壤。它是基本、腳踏實地而且不可或缺的。它是心之所在。當我必須重新整編和確認方向時，始終可以返回這個歸宿。由於心中明白這點，我得以自由地放膽探索、勇往直前，並且對挫敗無畏無懼。」

　　檔案盒讓夏普有辦法暫時擱置專案，待日後再重新審視它們：「檔案盒使我覺得自己與專案有所聯繫……即使暫時擱置了專案，仍會有那種感覺。我或許會把檔案盒放到架上，但始終清楚它就在那裡。檔案盒上以粗體黑字寫下的專案名稱，會不斷提醒我曾經有個構想，而且我可能很快就會回來落實它。」

　　夏普也可藉由檔案盒回顧昔日的成就：「檔案盒最後一個好處是：讓你有機會回首前塵。很多人不珍視陳年往事。當他們完成一項專案，便感到如釋重負。他們只想好好養精蓄銳，然後著手實現下一個構想。而檔案盒提供了反思過去表現的機會。只要去發掘當中的收藏，你將看見專案的源頭活水。這將對你有所啟發。試問你過去的表現如何？有達成目標嗎？有加以改善嗎？創作過程中目標有變動嗎？能以更具效益的方式完成它嗎？」

　　夏普的檔案盒揭示了簡單的儲物盒的真正價值：在使用、了解、創造和維護上，你都能得心應手。你也能隨意移動它，而且不會因此失去其中內容。辨識和分享一個簡單的儲物盒並不費勁，而且當你不需要它時，可以儲藏起來。創造繁複又細緻的作品不見得需要複雜且

精緻的系統。

大教堂效應：知識園地的空間設計

試想一下設計實體環境需要花費多少時間？

光是購置優質家具，我們就須衡量房間配色、植栽和書架擺設位置，反覆考慮數個星期。我們也都明白，燈光、色溫與空間格局會顯著影響我們的感覺和思考。

學界把這種現象稱為「大教堂效應」（Cathedral Effect）。[2] 許多研究顯示，我們認知的環境會強勢地形塑內在思維。當我們置身於天花板極高的空間——比如說引人聯想崇高天堂的宏偉教堂建築——往往會用較抽象的方式思考問題。而當我們身處天花板較低的房間——例如小型作坊——則比較可能具體地思考事情。

無疑人人都會看重令人泰然白若且心馳神往的實體空間，而數位工作空間則可能不太受人重視。你或許很少為了提升生產力或創意而著手整理數位工作空間。身為知識工作者，我們每天長時間置身於數位環境裡——當中充滿了電腦、智慧型手機與網路。除非我們能控制虛擬空間，好好配合我們的思維方式，否則我們在其中的每一時刻都將難以聚精會神，且將倍感負擔沉重。

第二大腦並不只是一種工具——它更是一種數位環境。它是知識的園地，當中布滿我們熟悉的曲折小徑，也有著諸多僻靜的秘密角落。那裡的每條幽徑都是新觀點和新想法的起點。這些園地並非偶然生成，它們需要管理人播種、除草並塑造一些迂迴的小徑。我們應適

時多照料一下數位環境，畢竟我們清醒時多數時間都身處其中。

　　一旦創造出自己的數位園地，執行構想或創作時，就會知道要去哪裡取用所需知識。你不必坐下來花上半小時，煞費苦心地蒐集所有必備材料。第二大腦就像是心靈的一座大教堂，你隨時可以走進去，把外在世界隔絕開來，在其中想像出一個專屬於自己的世界。

　　打造第二大腦的下一個步驟是，在你能夠進行最有效思考的空間裡，把種種洞見整理得條理分明。

有條有理才有利行動：
九九％做筆記的人會卡關（以及如何化解難關）

　　當你著手用一貫的方法獲取知識，可能會體驗到嶄新的興奮感。你將更加專注於閱讀中的書籍、與他人的對話，或是正在聆聽的訪談內容，也很清楚那些有趣的想法會被儲存在可靠的地方，並且在日後派上用場。你不必再期望自己的大腦能記住最好的想法──你可以確信第二大腦不會忘掉它們。

　　無論如何，你很快就會面對新的難題：如何組構你獲取的所有珍貴材料？而你愈是勤勉地蒐集資訊，這個難題就會更加棘手！如果獲取資訊的方式無助於後續有效地組織和取用，屆時你將會不知所措。

　　為了解決組織數位生活的難題，我花費數年嘗試過林林總總的方法。我試驗過構築實體空間的一些技巧、各種特殊格式的記事本，以及圖書館普遍採用的杜威十進分類法。我也試過依據日期、主題、類別和諸多精心設計的方法來組構資訊，但全都不管用。

問題在於這些方法都沒能整合進我的日常生活。這些方法總是必須遵循一系列注重細節的規則，使得我處理其他優先要務的時間相對減少。這意味著它們很快就會不合時宜而被淘汰掉。每回嘗試失敗後，我都會把所有筆記和檔案放進正專注進行的專案資料夾裡，以確保手上至少有當前的工作所需的一切。

然後，我在某天領悟到：為何不用這種方法來組織資訊呢？如果依據專案來做最自然也最不費勁，那麼何不用它作為預設的管理資訊方法呢？

於是我採行了這個方法，而且它令人意外地管用。久而久之，這個方法日益精進、簡練，並通過了我的數千名學生和追隨者的考驗。我把這個組織資訊的系統稱為 PARA，* 它是專案（Projects）、領域（Areas）、資源（Resources）和檔案庫（Archives）這四個主要資訊類別的英文字母首字結合而成。它們是四個普遍通用的類別，涵蓋了**任何**來源、格式和用途的資訊。†

个論你屬於哪個專業或領域，PARA 都能為你管理好所有資訊，原因在於：它組構資訊的方法是以**可操作性**為基礎，而非**資訊本身的類型**，並且以專案作為數位檔案的主要組織單位（unit）。與其依照劃分主題和副主題的複雜層級結構來組建你的筆記，你只須回答一個簡單的問題：「這筆資訊對哪個專案最有用處？」PARA 系統假設你

---

* Para 是希臘文字，意為「並排」，比如說「平行線」；它的定義使我聯想到第二大腦與大腦並肩奮鬥、相互支援的運作方式。

† 你可能已經看出，我對四個字母組成的名詞很著迷。研究人員把「四」稱為神奇數字，因為這是我們瞬間能算出的最大數目，而且我們不費吹灰之力就能記住四個字母的名詞。

正進行一些特定專案，而且應以支援這些專案的方式來組織資訊。

　　舉例來說，你看到一篇實用文章並存進數位筆記，它的內容是關於如何提升適應能力。你確信這筆資訊日後將能派上用場，但是在此之前你該把它放置在哪裡呢？當你需要這份筆記時，要怎麼想起來它的儲存位置？你或許會為此焦慮不已，這是因為你有可能做錯選擇。

　　多數人會把有關適應能力的文章儲存在名為「心理學」的資料夾裡，這似乎是個順理成章的選擇。問題是，心理學這個主題範疇太過廣泛，因而並不實用。想像一下數周或數月後，當你在工作時能有多少時間從這個廣泛主題下的所有筆記中找出那筆資訊？那裡可能會有你從許多文章、書籍或其他來源獲取的大量資訊，而當中可能多數都不具有可操作性。甚至光是去弄清楚裡頭有什麼，就要耗掉數個小時。

　　我們可以採行另一種方法。我將為讀者闡明，如何依據實用性來獲取及儲存資訊。當你進行特定專案，比如說寫作心理學論文或準備一項簡報，只要藉由把筆記放進特定專案資料夾（或是為筆記加上標籤＊）這個小步驟，你將可在最貼切的時刻（不是之前或之後）領會當中的關鍵意義。

　　假如你的筆記不適用於當前進行的任何專案，我們還有其他幾個選項，這包括為你負責的每個主要生活「領域」相關資訊安排專屬去處，以及把個人參考資料、事實與靈感彙集於「資源」寶庫。當你完

＊　我用「資料夾」這個名詞來指稱多數筆記軟體主要的組織單位；某些軟體則運用「標籤」作為主要組織單位，這也是個有效的方法。

成了專案、掌握了各種新技能，並且朝著各項目標推進時，你將發現某些筆記和資源已不再具有可操作性。屆時你可以把它們轉移到「檔案庫」，使它們遠離你的視線，但同時仍可被輕易取用。

我們很快就會一一探索「專案」、「領域」、「資源」、「檔案庫」這四大類別。PARA 系統會指引你依據至關緊要的目標來迅速分類知識，而不是要求你小心翼翼耗時費事地構築數位園地。

組織資訊時最大的誘惑之一是過於講求完美，以致把建構過程當目標。把資訊整理得有條不紊，本質上會讓人心滿意足，因此我們可能輕易地停留在這個階段，而不進一步去發展和分享我們的知識。我們始終要留意自己是否積聚過多資訊，以避免耗費大量時間來管理它們，而無暇學以致用。

與其為每個儲存資訊之處發明截然不同的組織方法，而造成它們彼此之間無法調和、以致取用上極不便利，不如運用 PARA 系統，因為它在任何地方、任何軟體與平台都可派上用場。不論是依據四大類別或數位生活各項原則，這個系統都能發揮效用。

當推進多個專案時，我們總是必須運用數個不同的平台。沒有任何單一平台是無所不能的。重點不是使用單一應用程式，而是運用單一的組織資訊系統，因為即使你每天要頻繁地在不同軟體間進行切換，這個系統始終能提供一貫的穩定性。不論你的專案相關資訊是儲存在數位筆記軟體、電腦檔案系統或雲端硬碟裡，專案始終會維持不變的一致性。運用 PARA 系統組織專案資訊，你可以無縫切換平台，而且能夠保持思路順暢。

藉由這個方法，個人知識園地將有助於你完成手上專案，而不至

於被你廢棄不用，淪為「構想的墳場」。PARA 系統可望把無止境的「組織資訊」的艱巨工作轉變成直截了當的事情，以利你推進更重要的專案任務。

PARA 運作方式：
使你的心智（和筆記）為行動做好準備

運用 PARA 系統，你想儲存的所有資訊都可歸入四大類別之一：

一、P 專案：你的職涯或人生中正努力進行的短期任務。

二、A 領域：你想要逐步掌理的長期責任範圍。

三、R 資源：未來可能有用途的題材或旨趣。

四、A 檔案庫：來自其他三大類別的備而不用事項。

P 專案	你的職涯或人生中正努力進行的短期任務
A 領域	你想要逐步掌理的長期責任範圍
R 資源	未來可能有用途的題材或旨趣
A 檔案庫	來自其他三大類別的備而不用事項

P 專案：當前的工作

專案包括你當前積極推進的工作的短期結果。

專案具有一些特點，因而是組織現代工作的理想方法。首先，它們有始有終；它們發生於一段特定期間，之後即告結束。其次，它們必須產生特定且明確的結果以資檢驗是否完成（比如說「完工」、「放行」、「啟用」、「出版」等）。

創作和表演藝術通常自然而然地採行以專案為中心的工作方式。藝術家創造畫作，舞蹈家編舞，音樂家寫作歌曲，詩人創作詩集。他們創生的都是可以明確辨識的各自獨立的作品。以專案為中心的方法正逐漸被所有知識工作者採用，而此趨勢被人依電影製作方式命名為「好萊塢模式」（Hollywood model）。

正如《紐約時報》一篇文章 ❸ 的描述：「專案獲確認後，一個團隊隨之組成；他們會攜手合作以完成任務；之後團隊將會解散……這個好萊塢模式當下正被運用來建造橋梁、設計應用程式或開設餐廳。」如今跨團隊、跨部門工作甚至不同公司一起執行協作專案正日漸普及，然後當任務完成了，大家便各自歸隊。

以下是一些專案範例：

- **職場專案**：設計完整的網頁；製作會議用的簡報；規畫專案時程；擘畫人才招募活動。
- **個人專案**：完成西班牙語學程；規畫度假行程；添購新客廳家具；尋找擔任在地志工的機會。
- **業餘專案**：出版部落格文章；發起眾籌活動；研究播客節目用

的最佳麥克風；完成線上課程。

如果你還沒根據特定具體專案來管理資訊，那麼，著手這樣做將使你的生產力重新強勢啟動。不論你是自雇者，或任職於大企業，或介於前兩者之間，都正迎向以專案為基礎的世界。我們要明瞭自己當前正致力推動的專案，方能確認優先要務、規畫工作進度，以及摒棄無關緊要的事情。

A 領域：與時推移的責任範圍

專案固然很重要，但是它並未涵蓋一切。舉例來說，我們生活領域裡所謂的「財務」並沒有明確的終止日期。只要我們活在世上，就必須以某種方式來思考和管理財務。它也沒有一個最終目標。即使你贏得了樂透彩也依然必須理財（而且你可能要投注更多心力！）。

在職涯裡，我們會有不同的責任領域，比如說「產品研發」、「品質管控」或是「人力資源管理」等。這些是我們受雇而承擔的職責。有時我們會隨歲月推移而擔負其他正式或非正式的責任範圍。

以上是 PARA 第二大類別的一些範例。所有這些個人的或專業的

P 專案	A 領域
減重	健康
出書	寫作
撙節開支	財務
創造軟體模型	產品設計
製作合約範本	法務

領域都需要有效地處理特定資訊，而它們的性質與專案迥然有別。

以財務領域來說，它可以涵蓋你與理財顧問商談的筆記、收據、發票、家庭每月收支預算，以及其他各種資訊。你也可能必須管理一些推測性質的資訊，比如說財務預測、個人財務軟體的分析結果，以及你正追蹤的投資趨勢相關數據。

至於在產品研發等與正職工作有關的領域，你可能必須儲存產品規格清單、研發成果的資料、拜訪客戶所做的筆記，以及客戶滿意度數據等。或許你也擁有一些心儀的產品的照片，用來啟發設計靈感、繪製藍圖或作為配色參考。這一切都取決於你與各領域的關係，以及你想要如何管理或推展領域。

個人生活領域範例：

- **你負責的活動或場所：** 住宅／套房；烹飪；旅遊；汽車。
- **你負責或問責的對象：** 好友；小孩；配偶；寵物。
- **你應負責達到的標準：** 健康；個人成長；友誼；理財。

職場領域範例：

- **你負責的部門或職責：** 會計管理；行銷；營運；產品研發。
- **你負責或問責的人員或團隊：** 直接匯報者；經理；董事會；供應商。
- **你應負責達到的標準：** 專業成長；銷售與行銷；關係與網絡；招募和聘任。

　　即使在這些領域不會看到最終結果，管理仍是至關緊要的事。事實上，只要瀏覽一下上面的表格就可明白，這些領域與你的健康、幸福感、安全和生活滿意度息息相關。

　　儘管沒有必須達成的目標，你在每個領域都會有想要維持的**標準**。以理財來說，標準可能是始終在期限前繳清帳單，以及滿足家人的基本需求。在健康方面，你可能要求自己每周運動達到一定時數，以及使總膽固醇保持於正常數值。對於家庭，你的標準可能是每晚和每個周末與家人共享優質時間。

　　這些標準唯有你能決定。而使它們各有專用位置會有極大的助益。如此，你的想法、反思、主意或與生活重要層面相關的有用資訊始終會有其歸屬。

R 資源：未來可參考的事物

　　我們想要保存的第三種資訊屬於資源類別。這基本上是包羅萬象的類別，它包含任何不屬於專案或領域的資訊，甚至於涵蓋你感興趣的任何主題的相關知識。

　　比如說：

* **你對什麼主題感興趣？**建築；室內設計；英語文學；啤酒釀造。
* **你研究哪些課題？**習慣養成；筆記方法；專案管理；營養學。
* **你想要哪些有用的參考資訊？**旅遊行程規畫；人生目標；檔案照片；產品推薦信。

- **你有哪些嗜好或熱中的事物？**咖啡；經典電影；嘻哈音樂；日本動畫。

這當中任一項都能有獨自的資源資料夾。你可以把它們想成「研究或參考的材料」。它們可以是你持續追蹤的趨勢、工作或產業相關的構想、嗜好、業餘興趣，以及你感到好奇的事情。它們的相應資料夾可比你在學時的筆記本：一本是生物學筆記，一本是歷史學筆記，另一本則是數學筆記。任何與現行專案或領域無關，或是不具操作性的筆記或檔案，都可放進資源資料夾以備來日參考。

A 檔案庫：已完成或暫時擱置的事物

最後，檔案庫可納入你不再積極從事的前述三大類別的任何事項。例如：

- 已完成或取消的專案。
- 不再致力維繫的責任領域（例如終止關係或是遷移居所）。
- 不再相關的資源（已失去興趣的嗜好或是不再關切的課題）。

檔案庫是 PARA 系統的重要組成部分，因為它提供空間給你「冷藏」不再活用的資訊，以免它們塞滿你的工作空間，同時也永久妥善保存這些資訊，以供日後有需要時取用。只要不至於使你在日常生活中難以專注，永久保存數位資料並不會像在住宅或車庫囤積東西那樣，使你付出相應的代價。如果你未來必須取用這些資訊，比如說你

接下了一個與先前完成的專案相似的新案，那麼你就能在彈指之間調出所需檔案。

PARA 系統的樣貌：幕後寫真

PARA 是適用於整個數位世界的通用型資訊組織系統，而不是只有單一用途的系統。它不會要求你在每個存放資訊之處個別使用截然不同的組織方法。它可以、也應當被用於任何地方，例如電腦上的文件資料夾、雲端儲存硬碟，以及數位筆記軟體。

讓我們來看看它的實際模樣。

以下是我把 PARA 系統用於數位筆記軟體的範例：

名稱
▶ 1 專案（11）
▶ 2 領域（36）
▶ 3 資源（45）
▶ 4 檔案庫（216）
▶ 0 收件匣（0）

在系統最頂層，我設立了專案、領域、資源和檔案庫的個別資料夾。以下是我的每個現行專案的資料夾：

名稱
▼ **1 專案**（11）
▶ **2021 年稅務**（2）
▶ **打造第二大腦**（BASB）13（14）
▶ **BASB 新書發表會**（43）
▶ **BASB 手稿**（202）
▶ **現金餘額計畫**（2）
▶ **課程總監**（4）
▶ **外延認知相關文章**（5）
▶ **居家工作室**（27）

這些專案資料夾裡存有我在數位筆記軟體寫下的各種想法。以一般人來說，現行專案數量通常是五到十五個。請留意，每個資料夾的筆記數量（括號中標記的數字）有很大的差異，有的只有兩筆，有的則超過兩百筆。

下頁是中等規模專案（把車庫改造成居家工作室，我將在隨後的章節詳談此事）典型的資料夾範例：

居家工作室（二十七筆數位筆記）			居家工作室 （二十七筆數位筆記）
啟發 車庫改造案 靈感的照片 	與本案組織者 通話內容 工作室樣貌與觀感 從基本面著手：光纖網路（速率為每秒十億位元）	有關備用電力的筆記 不建議超過機組容量的八成 消音／確認鍵：按住三秒，壓下以關閉警報	啟發車庫改造案 靈感的照片  
新貼文：遠距工作時代打造居家工作室的方法 受眾有哪些人？為數不多的想要有效率地運用 Zoom 的專業人士	電郵話題：居家工作室案後續步驟 與你們通信是一大樂事。我們持續對話且極為興奮	盧卡斯轉介的承包商 這是我最推薦的籌畫人，我已把你的專案規模告知他	

　　上方是我的電腦畫面截圖，左半邊呈現的是該專案資料夾裡二十七筆數位筆記部分內容，當我點擊當中一筆，比如說我們用來啟發車庫改造案靈感的照片，電腦螢幕右半邊就會出現其詳細內容畫面。

　　我多年累積的數千筆數位筆記就是這樣分成三個層級：最頂層的 PARA 系統四大類別、專案資料夾，以及筆記內容。

　　以下是我的一些領域範例：

名稱
▼ **2 領域（36）**
▸ 兒子（8）
▸ 汽車（5）
▸ 服飾（2）
▸ 烹飪（69）
▸ 理財（19）
▸ FL：行政（12）
▸ FL：BASB 內容（190）
▸ FL：BASB 行銷（45）
▸ FL：貝特尼（20）
▸ FL：檢查表／範本（12）
▸ FL：顧客（32）

　　上列每個資料夾都包含我的現行領域相關筆記。與我的事業有關的領域以「FL」起頭。FL 是我創辦的佛特實驗室（Forte Labs）教育公司的縮寫，其下各項目依據英文字母順序來排列。以下是我「健康」領域的一些筆記範例：

健康（三十四筆數位筆記）			健康 （三十四筆數位筆記）
腹肌訓練（參考《身體調校聖經》〔4 Hour Body〕） 手臂伸直高舉過頭，手掌如跳水姿勢般交疊	**健康保險最新資訊** 如何取用保險計畫細節	**護髮筆記** 1. 順著頭髮生長方向輕輕拍乾，不要粗暴地弄乾頭髮 2. 洗頭髮的水不宜過熱 3. 試著使用髮梳	**腹肌訓練（參考《身體調校聖經》）** 手臂伸直高舉過頭，手掌如跳水姿勢般交疊。運動時始終保持手臂於耳後或耳邊。 控制手指使其於四秒內觸及地板，試著使手盡可能伸展至遠離瑜伽球處。 停留兩秒鐘，力求最大程度的伸展。 引體向上然後以上腹充分收縮的姿態停留兩秒鐘。
為何深呼吸可使我們冷靜 《科學》期刊刊登的最新研究顯示，研究人員謹慎地抑止	**膳食準備計畫** 穀物搭配水果 牛奶 火腿 番茄 酪梨	**間歇性斷食** 斷食十六小時，在剩下的八小時內進食 為細胞進行「春季大掃除」 降低胰島素阻抗、血壓	

　　在資源類別裡，我依據感興趣的個別主題建立不同的資料夾。它們是用來儲存當前用不上的資訊，因為我不想讓這些資訊造成我的專案雜亂無章，而且我期望它們隨時能因應需求派上用場。

名稱
▼ 3 資源（42）
▶ 年度檢討（21）
▶ 藝術與哲學（39）
▶ 書籍和寫作（14）
▶ 品牌識別／商標（31）
▶ 商業與策略（146）
▶ 名片（70）
▶ 耶誕節禮物（3）
▶ 氣候變遷（1）
▶ 課程行銷（22）
▶ 文化和創意（80）
▶ 設計（245）

　　檔案庫類別涵蓋前三大類別裡不再活躍的任何資料夾。我想讓它們遠離我的視線和心思，但它們仍將被永久保存，以備我日後取用。

名稱
▼ 4 檔案庫（198）
▶ 存取符號旗標（21）
▶ 廣告促銷（1）
▶ AJ 網路研討會（10）
▶ 亞馬遜夥伴（2）
▶ 反書俱樂部第三版（3）
▶ 找公寓（1）
▶ 亞美亞電信公司（3）
▶ 霸菱銀行（3）
▶ BASB 12（6）
▶ 單車失竊索賠（5）
▶ 黑色星期五（5）

　　PARA 系統適用於你儲存資訊的所有不同地方，這意味著不論你把內容保存在哪裡，你都能運用同樣的類別和經驗法則。舉例來說，以下是我電腦上的文件資料夾：

● 　　　　　　　　　　文件
名稱
▶ 📁 1 專案
▶ 📁 2 領域
▶ 📁 3 資源
▶ 📁 4 檔案庫

以下是我的每個現行專案的資料夾：

●	1 專案
名稱	
▶ 📁 2021 年稅務	
▶ 📁 BASB 13	
▶ 📁 BASB 新書發表會	
▶ 📁 BASB 手稿	
▶ 📁 現金餘額計畫	
▶ 📁 課程總監	
▶ 📁 外延認知相關文章	
▶ 📁 居家工作室	
▶ 📁 Keystone 2	
▶ 📁 新網站	
▶ 📁 2022 年員工冬季退修會	

這些資料夾裡存有我執行各專案所需檔案。以下是本書寫作專案的專屬資料夾：

```
●                    BASB 手稿
名稱
▶ ■ 額外章節
▶ ■ 寫作提案
▶ ■ 各項協議
▶ ■ 簡報和圖像
▶ ■ 資產
▶ ■ 思維導圖
▶ ■ 手稿版本
▶ ■ 研究資料
▶ ■ 書評團體
```

資訊該放哪裡？——如何決定個別筆記儲存之處

建立資料夾是輕而易舉的事。更令組織資料者生畏的難題是「應把資訊放到哪個資料夾？」。

應用程式使獲取內容變得易如反掌——彈指之間即可完成。無論如何，對於接下來的步驟，我們需要人指點迷津。我們做的筆記當何去何從？如何正確地歸檔？我們蒐集的材料愈多，這些問題就更加急迫和令人焦慮。

我們最初寫筆記時會試著設想其去處和意義。問題是：首次記下一個構想時，往往不是決定如何理解它的最佳時機。首先，你才剛與它邂逅，還沒有充足的時間來思考它的最終效用，更要緊的是，若每次都要迫使自己為新構想敲定用途，會給整個過程增添許多阻力。這是非常耗費心智的事。

因此，把獲取和組織資訊分成兩個截然不同的步驟格外重要：一是決定當下要「保存什麼有共鳴的知識」，另一則是著眼於長期需求敲定要管理哪些資訊。多數的數位筆記軟體有「收件匣」或「日常記事」區供你暫時存放新筆記，以待日後再次檢視時決定它們的歸屬。你可把它想成新構想的等候區，直到你準備把它們收進第二大腦。將獲取資訊和組織想法分開來處理，有助於你專注於當下、留意能觸發你共鳴的知識，並待日後（例如「每周檢討時」）再決定其用途。我將在第九章詳談此事。

當組織一批筆記的時機來臨時，就是 PARA 系統起作用的時刻。我們依據可操作性來為四大類別排序，因而能盡可能輕鬆地決定各筆記的去向：

- 專案最具可操作性，因為這是你當前正推動的工作，而且專案有明確的完成期限。
- 領域有較長的時間範圍，與專案相比，它較不具立即可操作性。
- 資源可能隨著情勢變化而具有可操作性。
- 檔案庫會持續處於備用狀態，直到我們需要它為止。

依據這個順序，我們得以製作便利的檢查表，好據以從最頂層往下循序決定各筆記歸屬：

1.這一則筆記對哪個專案最能派上用場？

2.如果對各專案都**沒用**，那麼它對哪個領域最有用處？
3.如果對各領域都**沒用**，那麼它屬於哪種資源？
4.如果**不屬於**任何資源，那麼就把它放進檔案庫。

換句話說，你不只要一直嘗試把筆記存到它能發揮功用的地方，還要使它能夠**盡快**在那裡產生效用。經由把筆記歸入專案資料夾，你確保了推動專案時取用資訊能夠得心應手。藉著將筆記置入領域資料夾，當你下次思考該領域時，相關知識即唾手可得。通過把筆記放進資源資料夾，在你決定深入研究某個主題時，取用所需筆記將輕而易舉。藉由把筆記保存於檔案庫，除非你想要取用它，否則它就不會映入你的眼簾。

在極為忙碌時，我們的專案和目標很容易半途而廢。我們尤其會覺得私人專案和長程目標是具有彈性的，始終可以日後再來完成。我們辛勤地寫筆記、彙集瀏覽器書籤和做研究，最終甚至可能忘了那些資訊的存在。

而依據可操作性來組織資訊，有助於破除我們耽擱和延遲事情的傾向。PARA 系統能幫我們看清是否已擁有著手實作所需的資訊，從而把我們的遙遠夢想拉近到現時現地。我們組織知識的用意在於朝各項目標推進，而不只是使自己精通如何做筆記。知識要能學以致用方可獲致最佳成效。不能幫你推展專案的資訊甚至可能折損你的努力。

比照廚房來組織資訊——我在調製什麼？

PARA 系統和廚房的組織方法有相似之處。

廚房裡的每樣東西在設計和安排上都是著眼於：盡可能有效率地備餐。PARA 系統的檔案庫就像是廚房裡的冷凍櫃——裡面的材料在取用之前都會先冰存起來。資源就如同食品儲藏室——那裡的食材可供你用於任何餐點，而它們此際整潔地存放在遠離你視線的地方。領域好比是冷藏室——裡頭是你很快就會用到的食物，而且你會時常查看它們。專案則恰似火爐上的炊具——當中有你正在烹調的佳餚。也就是說，理當依據備餐時的取用便利性，來安排食材存放之處。

試想，如果按照**食材的種類**來組織廚房會是多麼荒謬的事，如此新鮮水果豈不是要和果乾、果汁、冰果一起儲藏，只因它們都屬於水果。然而，這正是多數人組織檔案和筆記的方法——把所有書籍相關的筆記儲存在一起，只因它們恰巧都源自書籍。

與其依據**源頭**來組織各種構想，我建議大家按照**去向**——尤其是根據它們能帶來的成果，來把它們安排得條理分明。關於知識是否具有價值，真正的考驗不在於它是否被組織得盡善盡美，而在於它能否發揮重大效用。

PARA 系統並不是檔案系統，而是生產系統。試圖找出筆記或檔案的「最佳位置」無濟於事，因為那樣的地方並不存在。整個 PARA 系統始終會因應你變化多端的人生同步轉變。

對多數人來說，要理解這樣的觀念頗具挑戰性。我們已對靜態而穩定的組織系統習以為常，因而期望有嚴格的規範準確地指示我們每

個項目何去何從，就像圖書館裡每本書都有它的索書號那樣。

關於如何組織個人知識，並不存在那種分配個別知識去處的方法。我們依照可操作性來組織知識，而「可操作性的定義」始終變動不居。有時一則簡訊或電郵就足以使一切改觀。我們的優先要務可能迫於隨時的通知而發生變動，因此我們必須以最少的時間來建檔、分類、標記和維護數位筆記。我們承受不起大費周章而徒勞無功的風險。

任何資訊（不論是文件、影像、筆記或整個資料夾）都可以也應當在各類別之間流通。你可能把學習中的教練技巧相關筆記放進名為「教練課」的專案資料夾裡，而日後當你在職場成為經理必須教練直接向你匯報的部屬時，你也許會將有關的筆記搬移到稱為「直屬手下」的資料夾。然後，在某個時間點，你可能會離開這家公司，但依然對教練屬下感興趣，於是把相關筆記挪移到資源資料夾。有朝一日，你也許會對教練全然失去興趣，因此將有關的筆記都移入檔案庫。而在未來，如果你決定以企業教練作為副業，那些筆記將回歸你的專案資料夾，當中的知識即再度具有可操作性。

筆記的目的可以也確實會隨著歲月更迭而變動。人生會歷經許多寒暑，而你的數位筆記應隨著光陰流轉與時俱進，好讓被記錄下來的人生深層經驗得以重現生機，並且幫助你形成嶄新的洞見。

完結的專案宛如第二大腦的氧氣

只要清楚內容的用途，你為未來獲取可用材料的努力將更輕鬆且

更有效率。運用 PARA 系統不光只是建立一系列資料夾好存放資訊，更要辨識你的工作和生活的結構──你秉持的原則，你想要改變的事情，以及你想達到的境界。

　　這是我吃盡苦頭學到的教訓。我在大學時代曾於聖地牙哥的蘋果直營店打工。那是當時全球最忙碌的五家蘋果直營店之一，每天進出的顧客達數千人。我在那裡首次體驗了如何更有效率地教導人們使用電腦。

　　我於上午給首度購買蘋果電腦的一小群人上課，也提供一對一諮詢服務。那時是蘋果 iLife 套裝創作軟體的黃金時代。每部蘋果電腦都會預先安裝一套具友善使用者介面的軟體，分別可用來創建網站、錄製音樂、製作相簿以及影片。這如同讓用戶擁有一整個多媒體工作室而不須額外付費。

　　我為顧客解答他們使用新蘋果電腦上的任何問題。他們先前多半是微軟視窗作業系統用戶，必須把多年累積的分散在各資料夾的檔案轉移到麥金塔作業系統。

　　起初，我試著引導他們逐一組織個別文檔，然而我很快就發現這根本行不通。在僅一小時的一對一諮詢期間，我們很難把成千上萬筆資料全部搬移到新電腦。無論如何，並不值得花時間這麼做，因為那些通常是和用戶當前目標或興趣不相干的老舊檔案。

　　我領悟到自己需要一套新方法，於是著手詢問顧客、聽取他們的想法，最後我終於明白多數人並不需要或不想要井井有條的電腦。他們投注金錢和時間改用蘋果電腦，是因為想要創造事物或達成某種目標。

他們渴望為父母的周年派對拍製影片，或者想為自己的烘焙坊建置網站，或是為他們的樂團錄製試聽帶。他們想研究族譜，完成大學學業，或者換個更好的工作。而與此無關的一切都只會阻礙他們朝目標前進。

因此，我決定採用不同的方法：把他們舊電腦所有的檔案全部搬移到新電腦上稱為「檔案庫」的資料夾，並且加註日期（比如說，檔案庫 5-2-21）。最初，用戶總是有顧慮而猶豫不決，因為不想遺忘任何檔案，但他們很快就明白，任何舊檔案都能夠再度被取用，於是他們重拾起希望和遠景，重新活躍起來。

他們曾一再擱置從事創作的壯志雄心，而一旦難題獲得解決，他們便能專注於真正想做的事，因而思路變得格外清晰，也有了莫大的幹勁。

有一陣子，我確信他們總有一天會回來纏著我，要求我幫他們組織那些舊檔案。畢竟我時常見到顧客一再地造訪我們的直營店。我忐忑不安等待著用戶回來指控我害他們找不到所有舊檔案。

然而，我只是杞人憂天。

不曾有人回來告訴我說，「你知道，我真的想把舊電腦的所有檔案整理得有條不紊。」我聽到的只有他們的創作專案對家庭、事業、成績和職涯帶來的正面影響。有人為近期被診斷罹患血癌的友人舉辦了募款活動，有人幫舞蹈工作室成功申請到小型企業貸款。有個女學生說，擁有控制混亂數位世界的能力，是她能夠完成學業成為家族首位大學畢業生的唯一原因。他們管理電腦或寫數位筆記的細節或許不足掛齒，但他們的創意對自己和他人人生的影響絕非微不足道。

我從這個經驗學到了一些事情。

首先是，人們需要簡潔的工作空間來創作。當我們的工作空間塞滿了所有老舊的材料，我們很難產生最好的想法和拿出最佳的工作成果。因此，建立檔案庫是很關鍵的步驟：你不會失去任何東西，你可借助搜尋功能找到一切舊檔，但你必須確保它們不要占據你的視線和心思。

再者，我領會到創造新事物至關緊要。當人們達成了目標，或者完成了簡報，或是發表了自己製作的影片，我可以看到他們的雙眼閃閃發光。當確知自己擁有向前邁進所需的一切，就有了堅不可摧的信心。

我領略到，完成的專案是第二大腦的血液。它們使整個系統獲得養分，維持活力，並為落實種種構想蓄勢待發。數位筆記系統無須講究有條不紊、賞心悅目或耐人尋味。它只須激發你的決心、動能與成就感，穩定地幫你贏得實質的成果，即使只是小小的勝利也無妨。再小的突破終究也能成為更有創意和有趣的未來的踏腳石。

著手實作：行動明快，處事靈活

有位導師給了我一個終生受用無窮的建議：行動明快，處事靈活。

她當時看出我標準的工作方法是埋頭苦幹：在辦公室待到很晚，時時刻刻講求生產力，而且彷彿人生只有工作那樣地全力以赴。這並非成功之道，只會搞到自己精疲力竭。我不但一再地耗盡身心能量，

甚至於各種正面進擊都不是很有成效。我不知道該如何設定志向、擬具策略並找出槓桿來源，使自己能以最少的努力獲得成就。

於是我的導師建議說，不如試著「行動明快，處事靈活」。去找出阻力最小的途徑，用最精簡的步驟來推進事情。我也想給予讀者相同的建議：不要讓組構第二大腦成為另一個沉重的負擔。你理當自問：「如何以最少、也最輕便的步驟使自己朝正確方向前進？」

整體來說，PARA系統的步驟就是在數位筆記軟體裡為現行專案創設個別資料夾，然後著手把各專案的相應資訊放進專屬資料夾裡。一旦資訊都能夠適得其所，你就會樂於蒐集更多有用資訊。想想你「當前致力推動的是什麼專案？」，然後為各個專案建立專屬的新資料夾。你也應當思考以下的問題，好幫助自己理清關於手上各專案的思路：

- **留意自己的心思**：對於沒時間去辨識為專案的事情有何掛慮？在沒有後續進展的工作上必須有什麼作為？
- **仔細檢查行事曆**：你理當把哪些事貫徹到底？你應為未來做好什麼準備和擬定何種計畫？
- **檢視待辦事項清單**：哪些現行的工作實際上是尚未辨識出來的更大專案的一部分？哪些溝通或後續追蹤行動實際上是屬於一個更大的專案？
- **查看你的電腦桌面、下載檔案專屬資料夾、文件資料夾、瀏覽器書籤、電子郵件和瀏覽器分頁**：哪些資訊是因為屬於一個更大的專案而被你保留在手邊？

以下列舉我的學生的一些專案為例：

- 找出能接受我的醫療保險的醫生
- 為團隊年度退修會規畫目標和會程
- 蒐集一般食物供應商清單並安排定期送餐
- 為下個季度發展內容策略
- 審查新報銷政策草案並提出回饋意見
- 與研究夥伴分享協作構想
- 研究健康平等並撰寫有關的文章
- 完成線上創意寫作課程

　　你也可以建立領域和資源資料夾，但我建議開始時只創設專案資料夾，以避免系統裡有過多空資料夾。你始終能在日後為其他類別的資訊增添資料夾。你可以也應當跨平台使用 PARA 系統，但我建議你當下只從數位筆記軟體著手，儘管除了數位筆記軟體之外，還有三人常用平台，分別是電腦文件資料夾、Dropbox 等雲端儲存硬碟空間，以及谷歌 Docs 等線上協作套裝軟體。

　　請先練習寫作新筆記，並在資料夾裡把它們組織起來，然後把它們從一個資料夾搬移到另一個資料夾。每當你完成一個專案，請把整個專案資料夾轉移到檔案庫，而當你啟動新專案時請檢視各檔案庫，以了解過去的專案裡是否有可供新專案再利用的資源。

　　在建立資料夾並把筆記存入時，不必擔心重新組織或「清理」任何現有筆記的問題。你負擔不起耗費大量時間來整理那些不確定未來

是否用得著的老舊內容。你只須把它們放進檔案庫裡妥善保管。當你需要它們時，可透過搜尋功能找到它們。

你當前的目標是維持清爽的虛擬工作空間，並把每個現行專案的相關資訊集中於一處。一旦你做到了這些，就能自信地著手把想法付諸實現，思路也會更加清晰，而不會任由構想愈積愈多卻看不到盡頭。

你應謹記一件關鍵的事情，那就是把筆記分門別類絕非最終的步驟。PARA 系統是動態、不斷變化的，而不是靜態的系統。你的第二大腦會隨著專案和目標改變而不斷演化，這意味著你永遠不須思慮如何使系統完美。

在下個章節，我們將探討如何萃取日積月累的知識，以便更有效地運用知識。

第 6 章

萃取──找出精髓

為學日益，為道日損。

──中國古代哲學家老子

　　派拉蒙電影公司高層主管在一九六九年拚命為新電影尋覓導演，
那時他們剛買下紐約黑手黨犯罪題材小說的電影版權。

　　然而，當時最頂尖的導演都認為原著小說過於聳人聽聞，因而接
二連三拒絕這個專案。人們多半覺得黑幫電影陳腔濫調或華而不實，
而且近期更有幾部這類型的作品一敗塗地。

　　在所有最佳選擇都落空之後，派拉蒙公司高管接洽了一位當時
只拍過一些小規模獨立電影的年輕導演。這位導演相對來說是影壇新
秀，名下還沒有賣座的商業大片。而且他在舊金山拍片，對電影工業
之都好萊塢來說是個局外人。業界普遍視他為渴望實驗各種新想法的
藝術家，而非拍攝高成本大片的人選。

　　這位導演名叫法蘭西斯・福特・柯波拉（Francis Ford

Coppola），他獲邀拍攝的電影正是《教父》（*The Godfather*）。

柯波拉最初也不想接這個專案。根據《好萊塢報導者》（*Hollywood Reporter*）追述，❶柯波拉曾說：「相較於我自己的品味，它是更為商業取向且淫穢的電影。」無論如何，柯波拉的影業夥伴和門徒喬治・盧卡斯（George Lucas，後來因《星際大戰》而舉世聞名）提醒柯波拉，他們已身無分文，而且如果再無大筆現金進帳，他們很快就會被驅離住所。

柯波拉面臨日趨沉重的財務壓力，於是重讀了《教父》原著小說，最終改變心意決定接下專案，因為他領悟到自己可以使「這個關於黑幫霸主和三個兒子的故事，成為美國資本主義的一個隱喻」。

《教父》後來成為電影史上最受好評也最賣座的傑作之一。在二〇〇七年，它更獲美國電影學院（American Film Institute）評選為歷來百大美國電影第三名。❷它的票房收入逾二億四千五百萬美元，共榮獲三個奧斯卡獎項，而且讓人著迷的虛構柯里昂家族故事延伸出兩部續作和許多衍生作品，令全球影迷欲罷不能。

柯波拉拍攝這部複雜且多面向電影的策略，是運用他在霍夫斯特拉大學（Hofstra College）學會的「提詞本」（prompt book）技能。他著手閱讀教父原著小說，然後把有共鳴的部分寫到記事本裡，也就是放進柯波拉版本的崔拉・夏普「檔案盒」。而柯波拉提詞本的作用遠超越儲存功能：它是連續不斷的修改和精進過程的起點，目標是把原始材料轉化成嶄新的內容。

他利用三環活頁夾來製作提詞劇本，裡頭裝滿從原著小說剪下和貼上的拍片素材。三孔活頁夾在設計上有強化的金屬扣環，能夠確保

文件頁面經得起一再翻閱的考驗。柯波拉可以不斷把後來用於寫作劇本和規畫製作設計的筆記與指引加入其中。

在二〇〇一年一部名為《法蘭西斯・柯波拉的筆記》（*Francis Coppola's Notebook*）❸ 的短篇紀錄片中，柯波拉解說了那個過程。他最初把整部小說讀了一遍，並把吸引他注意的部分做成筆記：「首次閱讀時寫下感想是至關緊要的事，因為那是你對於覺得寫得好的部分，或是你不了解的地方，或是你認為不好之處最初的直覺觀感。」

接著，柯波拉著手把自己對原著的詮釋加入筆記裡，好萃取和改編成自己版本的故事。他根據五個主要準則來細分場景：劇情大綱（概要）；歷史脈絡；場景「外觀和感覺」的意象與基調；核心意圖；以及任何應當避開的潛在陷阱。依他自己的說法，「我殫精竭慮把每個場景的精髓濃縮成一個句子，僅用少數幾個字來表達場景的重中之重。」

柯波拉描述說，三環活頁夾「對我來說是執導電影的一種多層次路徑圖……藉此我不僅得以重新檢視馬里奧・普佐（Mario Puzo）的原著文本，也能複習我所有的第一手筆記……書中那些對我意義重大或是真正推動故事進展的內容。」他會在頁邊加註包含「希區考克」（Hitchcock）等評語以提醒自己，著名驚悚電影導演希區考克會如何安排畫面構圖；或者是寫下「暫停時間」（Frozen time）以示意自己要在某個段落放緩步調。他使用了多種不同的註解方式來強調場景裡哪些部分最重要：「當我閱讀原著、做筆記並在頁邊加註時，若使用筆和尺的次數愈加頻繁，寫的字也更為潦草，這在某種程度上意味著，原著令我興奮的程度愈來愈高。因此，後來我看到某頁筆記

上有大量筆墨時就會明白，這是最至關緊要的場景之一。」

　　「教父筆記」是成功的專業創作者幕後作業的完美範例。柯波拉認為，提詞本是他創製《教父》這部經典電影的過程裡最重要的資產：「電影劇本真的是非必要的文件；我不需要電影劇本，因為只要有這筆記，我就可以拍好這部電影。」

　　我們可能會把電影想像成劇作家或導演頭腦的直接產物，但事實上，電影的生產還要仰賴蒐集和精鍊原始材料。柯波拉的故事證明，我們能夠有計畫有步驟地經由閱讀和研究來萃集構成要素，俾使最終作品更加豐富多彩、引人入勝和影響深遠。

　　我們也可以像柯波拉那樣倚重按部就班的筆記方法。我們能運用筆記來深入探究故事、研究報告、範例、隱喻等原始材料的精髓。萃取精髓正是 CODE 法的第三步驟。我們在此步驟著手把所獲且已組織好的資訊轉化成自己的知識。而我們在這個過程始終要依靠筆記。

量子筆記法：如何為未來創造筆記

　　你已知道如何從外部世界或自己的思維獲取資訊，可能也已著手依據可操作性和與現行專案的關聯性，來組織收錄了這些資訊的筆記。

　　那麼接下來該做什麼？

　　即使是最投入的筆記作者多數也會在此卡關。他們不確定接著該怎麼辦。他們萃集了一些令人神往的知識，卻沒有導出任何結果。而做筆記就應當要使它能夠派上用場。

　　當你最初寫筆記時，可能是趕在下一場會議前或處理緊急要務前的短暫時間內，把它存進第二大腦。也就是說，你沒有足夠的時間來充分理解它的意義或是未來用途。你當初的筆記就像是未完成的作品。你必須像化學家提煉最純粹的化合物那樣，精鍊那些筆記，使它們轉變成真正有價值的知識資產。因此，我們要把獲取及組織資訊和後續步驟區隔開來：你理當有能力迅速地儲存資訊，好留待日後進行接續的精鍊過程。

　　從這個意思上來說，做筆記就如同時空旅行──把知識封包傳送給未來的自己。

　　你可能消化了大量充滿洞見的書籍、文章、影片和社群媒體貼文，然而你未來在適當時機受它們啟發而付諸行動的機率究竟有多大？在你的生命歷程中，受職場危機、小孩學校緊急會議，或是意想不到的傷風感冒影響的機率有多高？就我個人的經驗來說，生活中的大小事會不斷干擾我們的優先要務。我們愈是決心專注於完成某件事情，愈可能會有緊急狀況迎面而來阻撓我們。

　　或許你當前正觀看著有關房屋修繕的 YouTube 影片，但你可能要待數個月後搬進新居才用得著那些知識。或者你正閱讀一篇關於時間管理技巧的文章，但可能要等年終小孩出生後你突然對時間有了更高的要求時，那些知識才派得上用場。或是你正與潛在客戶洽談各項目標和挑戰，而你獲取的資訊要待來年大型新合約接受投標時才真正用得著。

　　我們的許多構想和靈感都會面臨這樣的情況。在關鍵的想法觸發我們的共鳴時，我們會欣喜若狂且癡迷不已。我們覺得它會永久改

變我們的人生，而且很難想像後來會把它忘得一乾二淨。然而，就在數個小時或幾天或數周之後，它就會漸漸被我們淡忘。那個讓我們興奮莫名的構想很快就會成為過眼雲煙。做筆記的人必須維護好你的筆記，使它們能夠保存到未來，如此你對知識的興奮和熱忱才會與日俱增，而不致煙消雲散。

可發現性──使筆記派上用場的失落環節

筆記能否在未來保存下來，最關鍵的因素在於是否具備**可發現性**（Discoverability）──我們能否輕易找到和取用當中最立即有效的特定重點。

可發現性是資訊科學概念，意指「在搜尋檔案、資料庫或其他資訊系統時，特定內容或資訊可被發現的程度」。* 圖書管理員決定書籍在書架上的排列方式時必須考慮可發現性。網頁設計者為網站創設功能選單時也須酌量可發現性。社群媒體平台必然會努力使最佳內容盡可能具有最高度的可發現性。

一般人的筆記最欠缺的通常是可發現性。儲存不計其數的內容是易如反掌的事，但要把它們轉變成未來易於取用的形式談何容易。

為了強化筆記的可發現性，我們可以求助於一個簡單的習慣：標記重中之重。做筆記時標出重點是駕輕就熟的事，幾乎不需要任何額外的努力，而且用任何數位筆記軟體都能辦到。

---

*　維基百科對可發現性的闡釋。

　　請把未來的你想像成一位要求嚴格、極為忙碌又很不耐煩的顧客，不會有時間去逐頁鑽研細節以找出滄海遺珠。當下的你應做的是把筆記的價值「推銷」給未來的自己。未來的你開會前可能只有幾分鐘來從筆記裡快速搜尋所需參考內容。在這樣的情況下，你的每則筆記就如同你為造福未來的自己而創造的產品。如果未來的你不買帳──不認為值得費心去複習昔日的筆記──那麼你當前一切筆記的價值將蕩然無存。

　　這凸顯出許多人做筆記時面臨的一個矛盾處境：筆記內容愈是包羅萬象，資訊數量愈是不可勝數，就需要更多的時間來重新檢視，然而，可以這麼做的時間卻是愈來愈少。弔詭的是，人們做的筆記愈多，它們的可發現性愈發低落！這會使他們對寫筆記心灰意冷，或是在筆記數量不勝負荷時換用其他筆記工具。於是，他們終究錯失了日積月累的知識的種種益處。當你和極忙碌又很沒耐性的重要人士溝通會怎麼做呢？你必須從訊息中萃取出關鍵要點和行動步驟。在傳送電郵給老闆時，你不會讓自己提出的請求淹沒在字海裡，而會開宗明義點出需要老闆回應的最迫切問題。

　　當你向組織領導人做簡報時，你不會喋喋不休，而是抓緊重點，略去非必要的細節。萃取精髓是一切有效溝通的核心要素。至關緊要的是讓受眾把重中之重的訊息聽進去，並據以採取行動。而只要贏得了對方的注意，你隨後就可以詳談細節。

　　假如未來的你如同那些重要人士一樣珍貴，那麼應如何運用最有效且簡明的方法來說服未來的自己呢？

凸顯重點 2.0 版：累進式摘要技巧

　　累進式摘要技巧旨在萃取筆記的關鍵要點。它是個簡要的過程，目的是把原始筆記組織過的內容精鍊成現行專案直接可用的材料。

　　此技巧總結了凸顯重點（highlighting）的工具和習慣，同時使科技的獨特能力得以加倍發揮，俾使筆記要點愈發派得上用場。

　　這個技巧並不複雜：從筆記的層層結構中萃集精髓，強調當中的重中之重，然後凸顯這些要點的關鍵性。筆記的每一層都要使用不同的格式，如此才易於辨識其差異。

　　以下是累進式摘要的四層結構概圖：*

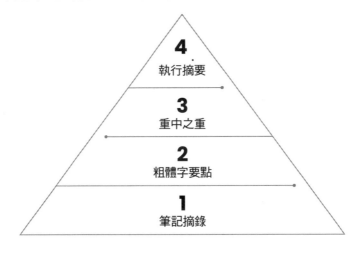

---

*　我習於把第一層想成「土壤」──最初的筆記裡從外部來源或自己的思維摘錄下來的片段（字句、圖畫、影像或語音）。它們就如同我建構中的知識園地的地基。第二層則是我挖到的「原油」，它們會以黑色粗體字呈現出來。第三層則存有更具價值的「黃金」，我會用黃色螢光筆把它們標示出來。第四層則是最珍稀的璀璨「寶石」，也就是我用自己的話語精鍊出來的執行摘要（executive summary）。

下面以我閱讀《今日心理學》（*Psychology Today*）一篇論文 ❹ 所做筆記為例。我在社群媒體看到網友分享的該文連結網址，便把它儲存到稍後閱讀應用程式，那裡還存有我收集的許多想在日後閱讀、觀看或聆聽的內容的連結網址。過了幾天，某個晚上我想隨意讀點東西來鬆弛一天的疲勞，於是讀了那篇論文，並在一些最有趣的段落標示重點。然後我把稍後閱讀應用程式與我的數位筆記軟體同步，那些重點內容便自動儲存到數位筆記中，而且還包括原著論文的連結網址。

大腦如何凝止時間

大腦如何凝止時間

強烈的恐懼最奇特的副作用是「時間膨脹」（或稱「鐘慢效應」〔time dilation〕），也就是時間顯然變得緩慢……歷經攸關生死的境遇而存活下來的人常會說，許多事情的發生時間似乎拉長了，物體墜落的過程也變得較為緩慢，而且他們在眨眼的瞬間能夠產生複雜的想法。

伊葛門（Eagleman）曾要求有過跳水經驗的人用碼錶估量各自感覺的下墜時間，然後再請他們觀看別人跳水並以碼錶估計動作完成時間。平均來說，他們覺得自己的下墜時間長過他們的觀察對象三六％。這正是時間膨脹產生的效應。

這意味著恐懼實際上不是使我們的認知速率或心智歷程（mental processing）加快，而是讓我們更詳盡地記住經歷過的事情。由於我們對時間的認知是基於記住的事情的多寡，因而恐懼經驗的過程似乎進行得較為緩慢。

來源連結

　　這就是我所稱的「第一層」──最初從論文摘取的段落。請注意我並沒有把整篇論文儲存起來，而只摘錄了一些關鍵內容。*由於只儲存最好、最重要且最切題的片段，後續的組織、萃取和表達步驟將更加得心應手。假如我必須知道所有細節的話，則可點擊連結網址來找到那篇原著論文。

　　雖然我摘錄的內容耐人尋味，但仍不夠精簡。於是在一個忙碌的工作日，我努力擠出一些時間再次檢視我的摘要，好找出更切中要點的字句。除非我標示的重點能讓未來的自己立即領會，否則我可能永遠難以使它們派上用場。為了強化這則筆記的可發現性，我必須為它增添「第二層」。我通常在休息時間或傍晚或周末有閒暇時，或是沒有精力做更需要專注的工作時，著手萃取資訊精華。我只須將筆記的要點轉換成粗體字，這包括提示文本要旨的關鍵字、原著作者意圖表達的重點，以及特別有共鳴的字句（即使我無法解釋其原因）。請參閱後面的附圖中同一則筆記粗體字的部分，這是否使你更易於迅速掌握筆記的要旨呢？

　　有了第二層之後，這則筆記的可發現性已經獲得大幅提升。想像一下讀粗體字摘要和讀原著論文的差異：前者一目了然而且只需不到一分鐘，而後者則可能耗費你五到十分鐘的專注時間。

---

*　約翰‧洛克在其著作《手札寫作新方法》（*A New Method of Making Common-Place-Books*）提出類似的建議指出，「為求筆記本身或措辭上盡可能優雅，我們理當只摘錄上選的內容，並捨棄其次的東西。」

大腦如何凝止時間

大腦如何凝止時間

強烈的恐懼最奇特的副作用是「時間膨脹」（或稱「鐘慢效應」〔time dilation〕），也就是時間顯然變得緩慢……歷經攸關生死的境遇而存活下來的人常會說，許多事情的發生時間似乎拉長了，物體墜落的過程也變得較為緩慢，而且他們**在眨眼的瞬間能夠產生複雜的想法。**

伊葛門（Eagleman）**曾要求有過跳水經驗的人用碼錶估量各自感覺的下墜時間，**然後再請他們觀看別人跳水並以碼錶估計動作完成時間。**平均來說，他們覺得自己的下墜時間長過他們的觀察對象三六％。這正是時間膨脹產生的效應。**

這意味著恐懼實際上不是使我們的認知速率或心智歷程（mental processing）加快，**而是讓我們更詳盡地記住經歷過的事情。**由於我們對時間的認知是基於記住的事情的多寡，**因而恐懼經驗的過程似乎進行得較為緩慢。**

來源連結

　　這樣還不夠！對於那些特別長又非常有趣或有價值的筆記，我們有時值得為它們添加「第三層」。我建議你運用多數筆記軟體既有的標記重點功能，它可讓你像使用黃色螢光筆那樣畫出重點（在下頁圖中是以淺灰色標示）。如果你的筆記軟體沒有這項功能，你也可以運用畫底線等其他方法。你只須看筆記中的粗體字部分，並從其中標記重中之重。這通常就是一兩句能概括原著論文精髓的文字。

大腦如何凝止時間

大腦如何凝止時間

強烈的恐懼最奇特的副作用是「時間膨脹」（或稱「鐘慢效應」〔time dilation〕），也就是時間顯然變得緩慢……歷經攸關生死的境遇而存活下來的人常會說，許多事情的發生時間似乎拉長了，物體墜落的過程也變得較為緩慢，而且他們**在眨眼的瞬間能夠產生複雜的想法。**

伊葛門（Eagleman）**曾要求有過跳水經驗的人用碼錶估量各自感覺的下墜時間**，然後再請他們觀看別人跳水並以碼錶估計動作完成時間。**平均來說，他們覺得自己的下墜時間長過他們的觀察對象三六％。這正是時間膨脹產生的效應。**

這意味著恐懼實際上不是使我們的認知速率或心智歷程（mental processing）加快，**而是讓我們更詳盡地記住經歷過的事情。** 由於我們對時間的認知是基於記住的事情的多寡，**因而恐懼經驗的過程似乎進行得較為緩慢。**

來源連結

　　你有否看出上圖那些標記的重點特別凸出而顯眼呢？它們以高度精鍊的形式傳達了原著論文的主要訊息，使我們能在數秒內領略箇中要義。未來當我做研究或瀏覽資料夾時，看到這則筆記就能瞬間明白它是否符合我的需求。假如它是我要的材料，我還可讀取當中的細節和了解文章脈絡，也能經由連結網址檢視原著論文。

　　我們還可以加上「第四層」，儘管這不是常見的做法。唯有對那些極罕見的真正獨特且有價值的資訊，我才會增添「執行摘要」於筆記的最頂層，當中會有我以自己的話語寫下的論文概要，並會加上一些項目符號。如果我日復一日參閱某則筆記，顯然意味著它是我的思維基石之一，那麼我理當為它添加第四層。

關於寫執行摘要，節錄第二層的粗體字和第三層的標記要點，會比從整篇論文摘取重點更加容易。我建議你使用項目符號來使執行摘要更為言簡意賅。你也應當使用自己的話來解說特殊名詞，還要考慮未來的自己或許不會記得原著論文，而且可能將對你當下的筆記另做詮釋。

大腦如何凝止時間

摘要

- 時間膨脹是感覺時間變得緩慢
- 這通常會在感受強烈的恐懼時體驗到
- 一項實驗顯示，受測者估計的恐懼經歷時間比觀察他人相同經歷的時間緩慢三六％
- 進一步的實驗顯示，時間膨脹讓我們能更詳盡地記住經歷的事情

大腦如何凝止時間

強烈的恐懼最奇特的副作用是「時間膨脹」（或稱「鐘慢效應」〔time dilation〕），也就是時間顯然變得緩慢……歷經攸關生死的境遇而存活下來的人常會說，許多事情的發生時間似乎拉長了，物體墜落的過程也變得較為緩慢，而且他們**在眨眼的瞬間能夠產生複雜的想法**。

伊葛門（Eagleman）**曾要求有過跳水經驗的人用碼錶估量各自感覺的下墜時間**，然後再請他們觀看別人跳水並以碼錶估計動作完成時間。**平均來說，他們覺得自己的下墜時間長過他們的觀察對象三六％。這正是時間膨脹產生的效應。**

這意味著恐懼實際上不是使我們的認知速率或心智歷程（mental processing）加快，**而是讓我們更詳盡地記住經歷過的事情**。由於我們對時間的認知是基於記住的事情的多寡，**因而恐懼經驗的過程似乎進行得較為緩慢**。

來源連結

　　日後只要檢視上方的執行摘要，我就可以迅速回想起原著論文的要點，而無須費時重讀整篇論文。由於摘要是以我自己的字句寫成，也更易於融入我正進行的專案。當我們回想事情時，速度就是一切：你的時間和精力有限，盡快掌握筆記重點有助於把更多樣且有趣的想法連結起來。

放大或縮小知識地圖視野

　　累進式摘要法的分層結構提供我們依當下需求與做筆記的多重方式。當你首次讀到一個新構想時，可能想要深入探索更詳盡而微妙的細節。而再次檢視它時，你或許不想徹頭徹尾重複之前的努力，而只想複習筆記的關鍵要點。我們當然可以重看第一層的所有細節，但當時間緊迫時（我們何嘗有充裕的時間？），我們只須專注於第二、第三或第四層，而且你能夠按照可用時間和精力的多寡來**調整**專注的程度。

　　就如同使用智慧型手機的數位地圖軟體，你也可依據自己想看到多少細節，在數位筆記的知識地圖上縮小或放大視野。你有時必須放大地圖好看清要變換到哪個車道才能抵達新目的地。而在規畫跨國公路旅行時，你可能想要縮小地圖，如此整個路線即可一覽無遺。在你的知識地圖上也是相同道理，有時你必須拉近視野以詳細查考特定的研究發現，而在面臨爭論時，則應拉遠來看，好取得更宏觀的視野。

　　借助累進式摘要法，你可為第二大腦中的優質構想建立知識地圖。當你探索知識網絡時，你標記的要點能夠像地標和定位點那樣為

你引路。在打造知識地圖時不須搬移或刪除任何東西。你可自主決定
讓一切留在原地，且不用擔心丟失去它們。手頭有了這個索引地圖，
你就能實際看清所獲知識全貌。這有助於你發現所需，甚至於找到先
前不清楚自己需要的知識。

　　有時你會覺得標記重點是有風險的事。你可能會懷疑，「在強調
要點或認定其意義上，我是否做了正確的決定？」累進式摘要法的多
層結構就如同一張安全網；假如你走錯方向或有所失誤，你始終可以
回復到原始版本再重新嘗試，而且筆記裡不會有任何資訊被遺漏或刪
除。

　　累進式摘要法能幫你專注於筆記**內容**和**呈現**方式，*而不致耗用
過多時間於歸類、標記、連結。你甚至不須費時使用其他資訊管理工
具的先進功能。累進式摘要法既實際又簡單，且能為你的筆記增添價
值。最重要的是，你會始終聚焦於對未來最重要的事。

四個累進式摘要範例

　　累進式摘要適用於廣泛的不同種類內容。只要能把資訊來源轉換
成文字，† 你就可以運用任何資訊管理工具來分層處理重點內容。

　　以下是一些筆記的累進式摘要範例：

---

*　我們人類對於資訊呈現方式甚為敏感。以網頁設計來說，一個選項按鈕細微的顏色變
　　化，或一個標題微妙的修辭，都能輕易地使訪客點擊率倍增。即使是簡單的提供訊息
　　的標題，或是分段、強調語句等，也能讓人更加輕而易舉地吸收文本要義。
†　萃取精髓的方法也能運用到其他媒體，這包括圖像、語音、影片等，但它們不在本書
　　探討範圍內。

- 維基百科文章
- 線上文章
- 播客節目訪談內容
- 會議筆記

維基百科文章

你是否曾一再瀏覽某篇維基百科文章，或是試圖記起數周前讀過的某篇文章的內容？

只要把維基百科文章最精華的部分儲存起來，你就能創造出與自己最休戚相關的專用百科全書。在下列的筆記裡，我存放了維基百科一篇「鮑莫爾成本病」（Baumol's cost disease）解說文章的要點。「鮑莫爾成本病」是一個我曾數次讀到的深奧經濟學名詞。

我第一次做相關筆記時並沒有時間添加標籤、標記重點或是整理自己的執行摘要。我只是把它儲存於名為「經濟學」的資源資料夾以備日後研讀。幾個月之後，在研究薪資問題時，我把那則筆記當中一些關鍵字句換成粗體字，並以醒目的顏色標出重點，使它們能夠一目了然。

我曾於一個小組討論會上聽人提起這個名詞。在輪到我發言之前十秒鐘內，我於平板電腦（我所有的筆記都會同步到這個裝置）快速搜尋了相關筆記，然後自信地就這個主題發表看法，彷彿我對它早已知之甚詳。

鮑莫爾成本病

鮑莫爾成本病

原文連結網址

摘要：**眾產業即使生產力未見提升，薪資仍將上漲，這單純是因為其他產業都是如此。**表現不佳的產業要留住優質員工，就必須給予他們足與那些更具生產力的產業匹敵的薪資。因此，**薪資無論如何都將提高，這就如同對員工生產力的投資。**

線上文章

　　我們消費資訊時心中多半沒有特定的預設目的。我們可能習於早餐時讀報紙，在健身時聆聽播客節目，或隨意地檢視時事簡報而獲悉某個訊息。我們這麼做是為了跟上時代的腳步，或是消磨時光、娛樂自己，以及保持心智專注。

　　這些都是極具價值的獲取洞見的時機，因為隨意的閱讀和聆聽傾向於涵蓋廣泛的主題和旨趣，會使你比平常接觸到更加異質多元的想法。

　　某個傍晚我讀了網友在社群媒體分享的一篇線上文章。它解說了谷歌在徵才過程中如何運用「結構式（或稱標準化）訪談」（structured interviews）法來降低偏差，和確保一致性及記取前車之鑑。我當時是一名單打獨鬥的自由工作者，因此這類雇用人才的知識對我並無立即用途。但是我明白有朝一日它將能派上用場。於是我決定把以下的內容儲存到我的第二大腦裡。

徵才過程和員工留任率│FLOX

徵才過程和員工留任率│FLOX

<u>原文連結網址</u>

「幸運的是，研究也顯示**結構式（標準化）訪談法——單純地運用相同的問題與面談技巧來評估應徵者——可徹底降低面試過程的偏差**。與非結構式訪談法相比，結構式訪談法也**更有益於異質多元**。不同族群應徵者面試成績並不會有太大差異。它同時也更有效率。面對百人以上的求職者，你一概使用相同的試題和評量標準。應試者也較喜愛這樣的方式。對你徵才的方法有好感的求職者日後工作表現預料會大幅提升約一〇％。」

　　將近兩年後，我終於也準備招募我的第一個員工。我記得籌備過程滿心焦慮，更不用說倍感管理責任無比重大。很幸運地，我擁有一手高度可操作的筆記，它們就儲存在稱為「徵才」的資源資料夾裡。一開始，我把這個資料夾的所有內容搬移到專案資料夾，然後以三十分鐘複習這些筆記，並標示出當中與招募新人最息息相關的重點，接著以此作為徵才過程的起點。我最終運用於自己事業的徵人方法，正是受到世上最富創新能力的雇主們啟發。

播客節目訪談內容

　　即使你無法即時寫下聽到的內容，數位筆記軟體依然能派上用場。我和妻子於某個周末驅車前往加州內華達山區一間 Airbnb 小木屋，途中我們邊聽著一個播客節目。播客主和一位名為梅根・泰普納（Meghan Telpner）的課程導師在節目中隨意地對談。泰普納經營

一個稱為烹飪營養學院（Academy of Culinary Nutrition）❺ 的線上學校。

　　我從未聽過她的名字，只是漫無目的地聽著她的播客節目。在接下來一小時，我和妻子沿著陡峭的山路前進期間，我們都對她努力經營教育事業的故事深深著迷。她面臨過許多我們曾經歷的相同挑戰。得知我們在奮鬥過程並不孤單後，我和妻子都感到如釋重負。當時正在開車的我無法做筆記，但抵達目的地後，我隨即在車裡把所思所想寫下來。這實際上是過濾雜質的絕佳方法──最好的想法總是會縈繞你的腦海久久不去。

SPI 播客節目：梅根・泰普納

SPI 播客節目：梅根・泰普納

<u>節目連結網址</u>

- 線上學校**烹飪營養學院**創辦人，提供相關課程和專業認證學程
- 畢業學員**遍布三十五國且已超過二千人**，事業營收達七位數
- **四個收費級別：**
  - **榮譽級（旁聽）**──可聽所有內容，但是沒有教練或認證
  - 專業級──教練和認證
  - 商務級──創業諮商與額外奧援
  - **高管級──泰普納親自直接教練**
- 另外提供三種高級別學員才能聆聽的內容，學員對最高級別課程總是趨之若鶩
- 學員**完成十四周學程的比率達九七％**
- 她**雇用教練協助十四到十六名學員的小團體教學**，教練的薪資依據學員人數給付，若有學員退學，教練薪資隨之減少

　　數月之後，我們啟動了新版本線上課程宣傳活動。我只有幾周的籌備時間——確實不足以做更多相關研究。我必須運用既有的構想，於是著手檢視了上列的筆記內容（儲存在「線上教育」資料夾），並用粗體字標示最契合我所思所感的部分。在宣傳活動展開前，我又在適用於自己處境的字句上添加了醒目的顏色。那些要點最終引導我們聘雇已畢業學員來協助教練新生。我因而有了自由時間來落實從泰普納的訪談獲得的構想：為我們的課程增添「高管」教練級別。我們確實永難知道靈感將從何而來，又將帶來多麼非凡的影響。

會議筆記

　　像多數人一樣，我在電話和會議上花費了不少時間。我想要善用這些時間，因此在大多數會議上做筆記，把一些新構想、建議、回饋意見和行動步驟記錄下來。

　　開會時做筆記是司空見慣的事，但我們通常不清楚該如何處理筆記內容。它們總是雜亂無章，一些行動方案要項常被埋沒在各種隨意的評論之間。而我常運用累進式摘要法來概述電話溝通要點，以從中萃取一切有價值的精華。

　　以下是我與錄音室設計師好友商談時做的筆記，當時我們討論了如何把我的車庫改造成居家工作室。親切的他來到我的住處並詳盡解說他的種種擬議，我則使用智慧型手機的筆記軟體記下各項要點。

戴瑞克關於居家工作室的擬議

戴瑞克關於居家工作室的擬議

- 採用四段式磨砂玻璃摺疊門
- 以劇場黑色帷幕遮蔽門的內側（好阻擋陽光和回聲）；用金屬環吊掛帷幕，不使用時可以拆卸；或在角落設置擋板以容納收攏的帷幕和遮蔽邊緣光線
- 採用底部具有配線槽的模組化地墊
- 上黑漆的開放式天花板；運用金屬管桁架以便裝設照明燈具和攝影機；或是採用天花板電纜線架來取代束線帶
- 大花板安裝黑色吸音板；以木螺釘和墊圈固定

　　過了一陣子，我在開車回家途中偶然經過一家在地五金行，當下想到我可以在這裡買一些友人推薦的裝修用品。於是我拿出智慧型手機搜尋「居家工作室」找出了那一則筆記，並把必須購買的品項以粗體字標記。結果就如下頁圖所示：

戴瑞克關於居家工作室的擬議

戴瑞克關於居家工作室的擬議

- 採用**四段式磨砂玻璃摺疊門**
- 以劇場**黑色帷幕**遮蔽門的內側（好阻擋陽光和回聲）；用**金屬環**吊掛帷幕，不使用時可以拆卸；或在角落設置擋板以容納收攏的帷幕和遮蔽邊緣光線
- 採用**底部具有配線槽的模組化地墊**
- 上**黑漆**的開放式天花板；運用金屬管桁架以便裝設照明燈具和攝影機；或是採用**天花板電纜線架**來取代束線帶
- 天花板安裝**黑色吸音板**；以**木螺釘和墊圈**固定

　　然後，我把粗體字的準備購買品項剪貼到原始筆記底下個別的清單中（如下頁圖所示），如此當我逛五金行時就能便利地取用來參考。

　　這個範例闡明了，即使是對話筆記的執行摘要也能發揮極大的效用。而且，我們的想法通常必須進行某種程度的萃取，以便據以採取行動。

戴瑞克關於居家工作室的擬議

戴瑞克關於居家工作室的擬議

- 採用**磨砂玻璃的四段摺疊門**
- 以劇場**黑色帷幕**遮蔽門的內側（好阻擋陽光和回聲）；用**金屬環**吊掛帷幕，不使用時可以拆卸；或在角落設置擋板以容納收攏的帷幕和遮蔽邊緣光線
- 採用**底部具有配線槽的模組化地墊**
- 上**黑漆**的開放式天花板；運用金屬管桁架以便裝設照明燈具和攝影機；或是採用**天花板電纜線架**來取代束線帶
- 天花板安裝**黑色吸音板**；以**木螺釘和墊圈**固定

待購品項：
　　☐黑色帷幕
　　☐金屬環
　　☐黑漆
　　☐天花板電纜線架

畢卡索的秘密：去蕪存菁

我們可以從歷史上的創意大師學習如何精鍊構思。

畢卡索一九四五年的《公牛》系列石版畫是他最著名的作品之一，從中我們可以洞悉大師創作過程如何精益求精。這系列作品是對公牛基本形態的鑽研成果。每個藝術形式各有其披沙揀金之道，但畢卡索這個創作範例保留了整個創作過程的每一步驟，因而格外非比尋常。

從最上方左圖到最下方右圖為止，畢卡索逐步解構了公牛的形態。在最上方的幾幅畫裡，他逐一為公牛增添更多細節，於是牛角更形完整，尾巴也變得更立體，牛皮亦顯得更有深度而質地豐厚。畢卡索建立這些細節是為了後續去蕪存菁時有更多選擇餘地。

精鍊的過程始於第四幅畫。他以銳利的白色線條勾勒出公牛的主要肌理。原先柔和的曲線逐漸變得有稜有角，整隻公牛的外觀愈來愈像是幾何圖形。第五和第六幅畫都極為簡化，畢卡索捨棄了公牛頭部多數細節，而且使牛角、尾巴和四條腿都更加精簡。他還增添一條貫穿公牛身體前後的白色粗線條，以呈現公牛重心所在。

在最後幾幅畫裡，公牛已成為系列簡單線條交織成的黑白形體。牠的身體前後有密實程度不一的色塊，腿部則逐漸簡化為單一線條。最終，那些細節都不復見，我們只看到抽象的連續線條，但它仍捕抓到了公牛的本質。❻

畢卡索精通沙裡淘金之道，逐步去除不需要的成分以提取精華。而至關緊要的是，他不能從單一線條著手，他必須逐步解構公牛形體

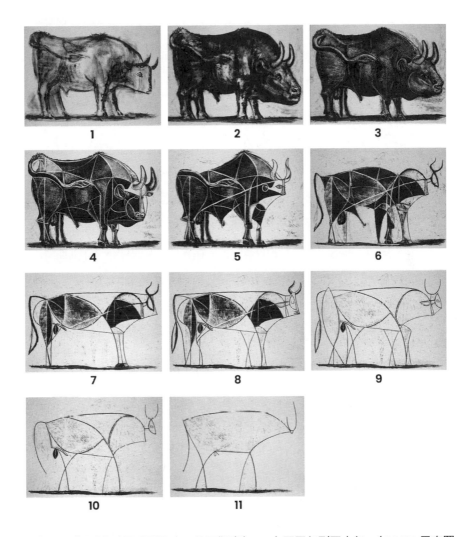

畢卡索作品《公牛》（同系列共十一件石版畫），一九四五年到四六年。（©2021 巴布羅・
畢卡索遺產／紐約「藝術家權利協會」〔Artists Rights Society〕）

的每一層面，好萃取公牛的形象和身形比例。這揭示了創作過程一個神秘面向：最終成果看來如此精簡，似乎任何人都能辦到。而如此簡樸的結果隱藏著創作過程的一切努力。

　　我再舉一個來自著名紀錄片創作者肯・伯恩斯（Ken Burns）的範例。獲獎無數的伯恩斯膾炙人口的作品包括《美國內戰》（*The Civil War*）、《棒球》（*Baseball*）和《爵士樂》（*Jazz*）等。他曾經說過，其拍攝的原始素材僅有一小部分被放進了最終剪輯好的影片，比值大約是四十或五十比一。這意味每四十到五十小時的原片當中只會有一小時素材被收入完成的作品裡。在創作過程中，伯恩斯和他的團隊採行了徹底的萃取精髓行動——從數百小時的原始素材裡，找出最饒富趣味、最意想不到，且最扣人心弦的時刻。*

　　累進式摘要法並不訴求盡可能記住最多事情，而是一種講求盡可能去蕪存菁的方法。精鍊你的想法，它們自然能夠日益精進，因為當你捨棄只稱得上好的部分，最卓越之處方能更加璀璨耀眼。明確地說，披沙揀金需要技巧和勇氣。誠如畢卡索的《公牛》和伯恩斯的紀錄片所顯示，在決定理當保留什麼時，我們無可避免地要定奪應該捨棄什麼。當你從一篇文章摘取主要重點時，就必須略去其他次要論點。從一部影片擷取精華片段時，便須修剪掉其他段落。如果不省略某些素材，就難以製作出高效的簡報。

---

* 伯恩斯曾在「大師課程」（MasterClass）這個教育平台教授紀錄片拍攝方法，他在課間建議應不斷追蹤拍片專案相關的素材：「報紙上有切合你的專案的文章嗎？有的話，就把它剪下來並且歸檔。你自己寫過旁白或對話草稿嗎？有的話，就把它列印出來並且歸檔。你為首要訪談對象構思過宏大問題嗎？也把你的想法做成筆記並且歸檔吧。」

新手常犯的三個錯誤

以下指導方針有助於你在萃取筆記精髓時避開常見陷阱：

第一大錯誤：過度強調

當著手為筆記去蕪存菁時，人們常犯的最大錯誤是，凸顯過多的重點。你可能曾在學校落入這個陷阱：用黃色螢光筆在教科書上標示出一句接一句甚至於整頁的重點，並期望自己在考試時能記住這一切，結果卻只是徒勞無功。

工作上的筆記應講求「少即是多」（less is more）。如果你想把整本書，或是數十頁的文章，或者數百則社群媒體貼文存進第二大腦，當然也沒人能阻止你。但是，你很快就會領悟到，這樣做只會導致日後更加難以理解這一切資訊的意義。假如你對資訊一律照單全收，倒不如一概不取。

請謹記，筆記不是「權威文本」（authoritative text），你不須、也不應拘泥於它的所有細枝末節。它們比較像架上書籍凸出的書籤，向你傳達訊息說：「嘿！這裡有一些引人入勝的內容！」而假若有必要，你始終能夠回去檢視完整的原始文本。筆記只是幫你在有需要時重新發現最初的資訊來源。

根據有效的經驗法則，你在筆記裡標記的每一層重點，應當不超過上一層的一〇到二〇％。如果你從一本書摘取的要點約有五百字，那麼第二層以粗體字強調的部分不宜超過一百字，第三層的重中之重則應控制在二十字以內。當然，這不是講究精準的科學，但是這個法

則有助於你適可而止。

第二大錯誤：漫無目的強調事情

關於累進式摘要法，最常見的問題在於「強調重點的時機」。我的答案是，時機就在你準備好創造事物之際。

獲取和組織資訊可在短時間內完成，而萃取當中精髓則耗時費事。如果你腦中沒有明確目的，可能會投注大量時間卻不清楚能否獲得好結果。

與其這樣，不如等到你確定筆記的用途時再來標記重點。比如說，當我準備寫部落格文章時，通常會從摘取相關筆記的要點來著手。如此為寫作暖身，我可以預料自己能駕輕就熟完成任務。這好比運動員在賽事前例行的肢體伸展動作。

當我必須透過電話與律師商談時，會事先在上回通話的筆記中標出重點，並擬出決策與行動相關時程。律師總是認為我準備得很充足，而事實上我只是想盡快結束諮商好節省費用！我們做事始終應當抱持明確目的。

未必會有總是能派上用場的筆記。你不會知道自己未來將需要什麼，或是將為什麼事情全力以赴。因此在花時間做筆記摘要上須有為有守，而判斷標準就是值不值得做。

依據經驗法則，在強調筆記要點時，理當使未來的自己易於發現

它*──藉由標示，或是附加標題、項目符號和評語。你可以把這當成資訊的「營地守則」（campsite rule）──使資訊比你最初發現它時更加優質。這可確保你最常寫的筆記進入良性循環，自然而然成為最容易發現的筆記。

第三大錯誤：把標記重點過度複雜化

在決定要標示哪些重點時，無須對每個要點進行分析、詮釋或分類。如果那樣做的話不但吃力，也會阻礙你集中注意力。我們理當憑直覺來分辨哪些筆記內容最有趣、出人意料，或是和當前的專題最息息相關。

正如你聽從內心的共鳴感受來決定要獲取哪些資訊，你也能運用同樣的方法來決定如何萃取當中的精髓。特定的內容會觸動你的心弦、吸引你的注意、使你的心跳加速，或是激發你的思維，這是指出那些內容至關緊要的明確訊號，表明你理當強調其重要性。你可以使用第四章引介的那些準則，來找出令你意想不到、卓有助益、啟發靈感，或個人感覺值得標記的要點。

當你學會披沙揀金的工夫，你將得到足以影響人生各領域的終生技能。試想那些擅長用話語令你心醉神迷的說故事的人。他們講的故事都通過精心的去蕪存菁。想一想最近使你心馳神往的畫作，它的創

---

* 這被稱為「共識主動性」（stigmergy）原則──在環境中留下「記號」（marks）使未來的努力易於成功。蟻群會運用此一策略覓食。當一隻螞蟻找到食物來源時，牠會把其中一部分帶回蟻穴，並沿途留下費洛蒙（信息激素）這種特殊的化學物質。其他螞蟻即可靠著氣味記號沿路迅速找到這個食物來源。

作概念被濃縮成最凝鍊的形式，然後從畫布上直接有效地傳達到你的腦中。

　　即使是我們日常的交流，著重的也是言簡意賅的能力，這才能促成使雙方感到意趣盎然的對話。簡明扼要是溝通的核心能力，對於我們維繫友誼、職場關係和領導力都至關緊要。而日常勤做筆記是練習披沙揀金技能的有效方式。

著手實作：要考慮未來的自己

　　我們致力於累進式摘要，目的在於：使未來的自己易於發現並運用我們的筆記。

　　關於思考和創作，理當重質不重量。去蕪存菁使我們的構想達到精簡扼要，就能得心應手地掌握思維的精髓。如果無法迅速地找到格式便利的備用資訊，那麼擁有再多資訊也無濟於事。時間是我們最珍稀的資源，這意味著我們應當優先具備的能力是盡快再發現第二大腦中的寶貴知識。

　　當拿出最優質成果的時機來臨時，我們無暇去重新閱讀書籍和進行研究。必要的研究理當早已完成。* 經由日常努力閱讀、學習新事

---

*　正如申克‧艾倫斯（Sönke Ahrens）的著作《卡片盒筆記》（*How to Take Smart Notes*）所言，關於寫作最根本的悖論是：在你知道自己將寫什麼之前，必須先做研究。他是這麼說的：「我們閱讀時應有一筆在手，好於紙上發展構想，和建立日益增長的具體化思維庫。切勿任由不可靠的大腦用盲目制定的計畫導引我們，而應聽從興趣、好奇心和直覺的指引，因為它們是實際的閱讀、思考、討論、寫作和構思形塑而成，而且會持續茁壯，並且能對外反映出我們的知識和理解。」

物，以及長保對世界的好奇心，我們可以為未來的挑戰和契機預先做好準備。

請立即著手學以致用，從你的 PARA 資料夾、電郵收件匣或是「稍後閱讀」軟體裡，找出有趣的文章、有聲書或是 YouTube 影片，運用剪貼功能或資料獲取工具把當中最優質的段落儲存到新筆記中。這形成了第二大腦裡第一層的原始摘錄內容。接下來，請閱讀這些片段內容，並把最重要的部分標記起來。你不必分析它，只須聽從內心的共鳴，然後將當中精華語句轉換成粗體字。這構成了第二大腦的第二層。

然後，你只須閱讀粗體字內容，並從中萃取重中之重的精髓。此處的關鍵是披沙揀金：整段筆記可能只有少數幾行，甚至僅有一句金玉良言，值得我們用醒目的顏色標示出來。我們不僅要講求精鍊，更要使筆記精髓具有可發現性。這形成了第二大腦最有效用的第三層。

筆記真正的考驗在於能否讓人對其要旨一目了然。你可以先把寫好的筆記擱置幾天，待其中多數細節已被你遺忘時，再回頭用約三十秒時間來檢視它，以確認自己能否迅速地領會先前強調的要點，以及明快地分辨出是否標記了過多或過少的重點。

每回決定要標示重點時，你都在增進自己區別資訊良窳的判斷力。這是一項能夠與時俱進的技能。只要勤勉地訓練自己的判斷力，筆記將會日益高效並讓你樂在其中。你將明白，在筆記上投注的一切努力正創造出恆久的價值。這將帶給你無與倫比的滿足感。

在下一個章節，我們將探討 CODE 法的最終步驟，也就是善用你萃取的筆記精髓來表達自己的觀點。

第 7 章

表達──秀出你的成果

真知即所成。
──義大利哲學家詹巴蒂斯塔・維柯（Giambattista Vico）

　　在一九四七年六月，名為奧克塔維亞・艾斯泰勒・巴特勒（Octavia Estelle Butler）的女嬰誕生於加州帕薩迪納。

　　她幼年時期被稱為「艾斯泰勒」，是由喪偶的單親媽媽靠幫傭工作一手撫養長大。艾斯泰勒年輕時個性內向極為怕生，在學校常遭到霸凌，這導致她相信自己「醜陋、愚蠢、笨拙、無社交能力」。❶艾斯泰勒生性害羞，加上有輕度閱讀障礙，以致很難跟上學校的學習進度。

　　她因而轉向內在的想像世界，但她也常去帕薩迪納中央圖書館，埋首閱讀童話以及有關馬的故事，而這些日後都化為她創作奇幻和科幻小說的靈感泉源。

　　儘管命途多舛，艾斯泰勒最終成了她的世代最成功、也最具影響

力的科幻題材作家，曾經數度榮獲雨果獎和星雲獎（科幻文學最高榮譽），並且在一九九五年成為首位獲得麥克阿瑟「天才」獎學金的科幻小說作家。

然而，她的寫作並非始終備受肯定。嘉菲爾小學老師曾嚴厲批評她早年寫的文章「誇張」，並說「妳甚至不知努力」。❷ 還曾有小學老師問她，「為什麼運用科幻筆觸？如果妳著墨於人間世俗的題材，故事會更加普受歡迎。」這位教師也向她的母親指出，「她理解這個道理，卻反其道而行。她應當學習自律的方法。」

在十二歲那年，艾斯泰勒看了一部一九五四年的 B 級電影《火星女下凡》（*Devil Girl From Mars*）。由於這部聳人聽聞的影片糟糕透頂，她深信自己可以寫出更好的故事。艾斯泰勒回憶說，「在著手自行創作之前，我未曾發現過自己在尋求什麼……在無可奈何的情況下，我創造出自己的故事。」

她逐漸領悟自己有可能成為專業作家，於是開始轉型為「奧克塔維亞」。她認為「奧克塔維亞」是強勢且堅定自信的「另一個自我」。奧克塔維亞自高中畢業後，曾在商店、工廠、倉庫、洗衣店和餐飲業從事過一系列臨時或兼職的工作。這些都是不至於太過耗費心智的勞動，因此她得以維持每天破曉前起床寫作的例行習慣。

逐漸嶄露頭角的奧克塔維亞為自己訂下三大守則：

一、出門必定要帶記事本、紙張或其他可以用來書寫的東西。
二、要隨時專注地觀察和傾聽世界。
三、不要為自己的不足找藉口，與其這樣不如「找出方法，自己

開路」。

於是，她終其一生勤做筆記。她拿辛苦賺到的二十五美分購買美德（Mead）筆記本，用以記錄生活的點點滴滴：購物清單、待辦事項、願望和意向，以及計算房租、日常用度餘額。她仔細追蹤每日寫作進度、計算頁數、列出缺失與期望達到的品質、願望和未來夢想，以及與自己約定的日常書寫字數。

當然，她也為創作奇幻與科幻故事蒐集材料：收音機上聽到的歌曲的歌詞、角色的名字或動機構想、值得研究的新主題、新聞的細節，以及建構小說世界所需的一切素材。她研讀人類學、英美文學、新聞學等領域各種主題的書籍，也聆聽相關演說。她遠赴秘魯的亞馬遜和印加文明遺址，以親身體驗生物多樣性與失落的文明。她像記者那樣熱愛不容爭辯的事實，並將其嵌入虛構故事之中，好為作品增添真實性和具體感，她曾經說過：「我們愈是無知，就愈加需要可以驗證的確鑿事實。」

巴特勒與世長辭十四年後，生平目標之一終於獲得實現：她寫的小說於二〇二〇年首度榮登《紐約時報》暢銷書排行榜，❸ 書名是《撒種的比喻》（*The Parable of the Sower*）。它講述未來一場失控氣候災難過後的末日世界，倖存的一些小社群必須團結求存的劫後餘生故事。閱讀該書會使人聯想到當今的新型冠狀病毒全球大流行疫情，兩者同樣嚴峻且充滿了不確定性。人類深陷危機之中的生活樣貌不再只是極端的想像，而是令世界各地民眾憂心忡忡的日常現實。巴特勒常被稱為具有預測未來能力的先知，但她始終說自己的著作純粹只是

想像的產物：「假如故事成真……那是當前的科技、生態條件、社會現況、種種慣常行為共同作用的結果。我的小說揭示出諸多美好的可能性，同時也提出了各種警示。」

巴特勒深知科幻小說不只是一種娛樂，更是一種能讓人對未來徹底改觀的前瞻方式。身為首位在科幻文學領域備受肯定的黑人女作家，巴特勒探索了前輩創作者忽略的觀念和主題：氣候變遷可能造成的環境崩潰後果、資本主義企業的貪婪、日趨擴大的貧富懸殊、性別流動、社會邊緣群體「他者化」（othering），以及對社會等級制本質的批判等。

作為非洲未來主義（Afrofuturism）的開路先鋒，巴特勒開創的文類以主張徹底變革的非洲裔美國人為主角，演繹各種未來求生故事，帶領讀者們想像邊緣群體來日將如何成為英雄而非受害者。透過書寫被剝奪權利者、遭驅逐者和不因循守舊者的故事，她擴展了我們的未來願景。

為何我們能知道巴特勒生平甚至最微小的細節？這是因為她保存了人生的一切──日誌、手札、演說稿、圖書館索書單、文章與小說故事的草稿、學校講義、行事曆、記事簿、學習進度報告、公車月票、畢業紀念冊，以及各式合約等等九千零六十二件瑣碎物品，共計滿滿三百八十六箱。這些全都在巴特勒辭世後捐贈給加州聖馬利諾的杭汀頓圖書館（Huntington Library in San Marino）。❹

一個原本極為害羞的小女孩究竟如何成為舉世聞名的桂冠作家？一位貧窮又過勞的年輕女子何以蛻變為強勢預言未來的先知？她自己甚至曾說：「我的母親是女僕，父親做擦鞋工作，而我想要創作

科幻小說，這是在自欺欺人嗎？」

巴特勒從自己的人生經驗汲取了成功之道：「我遭遇過的苦難和令人恐懼、憂愁的事情，對於創作的影響更甚於那些愉快的經驗。它們更讓我永誌難忘，也更能驅使我寫出饒富趣味的故事。」

她寫筆記和小說以迎戰種種心魔：「我必須克服的最大障礙是內心的恐懼和自我懷疑──懼怕自己資質不足、作品不夠優秀，還疑慮讀者會說我搞砸了。」

巴特勒鼓勵我們運用日常生活和閱讀獲得的所有洞見：「善用你擁有的一切；即使它們似乎微不足道，依然有可能經由你的雙手變得不可思議。」甚至在顯然不可能的情境之下，她也能找出表達自己想法的發聲方式。

作家或藝術家面對空白稿紙或畫布卻腸枯思竭、一籌莫展，只是一個創作迷思。專業創作者應堅持不懈，從自身的經驗與觀察、眾多的成敗教訓和他人的種種思維汲取靈感。如果創作有秘訣的話，它會從日常努力彙集和組織各式影響之中浮現出來。

保護最珍貴資源的方法

身為知識工作者，專注力是我們最彌足珍貴的最稀有資源。

專注力是創作過程每一階段的重要燃料。聚焦的視野使我們得以對發生中的事物賦予意義，讓我們能夠得心應手運用掌握的資源，並看清我們在創作上的貢獻。只要具備分配專注力的能力和策略，我們在容易分心的世界將更有競爭優勢。

　　每天有二十四小時，然而，當中有多少時間你能維持最高品質的專注？現代生活通常步調狂亂，我們能擁有的時間往往零零碎碎。專注力既能被培訓，也會遭煩心的事、外界干擾和不利的環境摧毀。打造第二大腦會面臨的挑戰，包括如何建立能**騰出**專注力而不會耗費專注力的個人知識系統。

　　我們被教導，在工作上要著重「有始有終」。我們受指示，交付成果才不負職責所託，不論那是上架的成品，或是在活動上發表的演說，或是付諸出版的技術文件。

　　這種建議通常立意良好，然而只注重最終結果會有一個缺失：筆記、草稿、大綱、回饋意見等一切中間產物，都不會獲得賞識，以致遭到低估。我們投注珍貴的專注力產生的中間產物會被丟棄，再也派不上用場。當我們完成專案時，先前大腦處理過的「半成品」和一切有價值的知識，將如同海潮沖刷下的沙雕，漸漸從我們的記憶中消失無蹤。

　　既然專注力是知識工作的最大資產，我們負擔不起丟失創造過程中間產物的代價。如果我們認為能用來創造卓越成果的時間極為珍稀，就必須擁有一個可以循環利用知識的系統。

　　你當下創造的知識資產是否能在未來再度派上用場？哪些構成要素有助於你推動明日的專案？要如何打理知識寶庫使未來的自己能夠反覆加以利用？

　　表達是創造的最終階段，而你不須等待一切完備再來分享成果。你理當盡早頻繁地闡述各種構想，並分批測試什麼行得通，同時還要收集他人的回饋意見，並將之納入第二大腦，使它們成為下一個反覆

回饋過程的起點。

中間產物封包：從小處著手的思維力量

把工作拆分成多個較小單元並不是什麼新穎的想法。你對以下建議可能早已聽了上百次：如果一項任務讓你陷入困境，那就把它分解成多個步驟來完成它。

每個專業在完成最終工作的過程都有各自版本的「中間步驟」。舉例來說：

- 軟體研發上的「模組」
- 新創公司的各種「測試」
- 建築「草圖」
- 電視影集的「試播集」
- 工程師製作的「原型」
- 汽車設計上的「概念車型」
- 音樂界的「試聽帶」

以上引號內這些名詞都相當於創作過程的「初稿」。

多數人未能領會到，我們不只要把任務拆解為多個較小單元，更需要一個能夠管理這些小單元的**系統**，否則只會額外增加自己追蹤它們的負擔。

你理當建立第二大腦系統，好管理工作進程中拆分出來的各個小

單元，也就是我所說的「中間產物封包」（Intermediate Packets）。它們是個別而具體的工作組成要素。*比如說，團隊會議時做成的一組筆記、一份羅列各種相關研究發現的清單、與諸多協作者集思廣益的結果、一項市場分析簡報，或是電話會議商定的執行項目列表。這些中間產物封包都可運用於更大的專案。

試想銷售人員如何規畫健康品牌新能量飲料促銷活動。乍看之下，推銷似乎是與「知識管理」最不相關的工作，主要著重開會、電話促銷、寄送銷售簡報和促成交易。

然而，更仔細觀察的話，我們會發現銷售也要仰賴許多知識建構要素。推銷員要有好表現就需要公司的宣傳手冊、公開說明書、促銷電話講稿、「熱客戶」名單（list of warm leads）、過去與重要經銷商洽談所做筆記等知識資產。

就如同樂高積木那樣，你擁有愈多組構單元，就愈容易打造出有趣的成品。與其從零開始下一個專案，遠不如從一組構成要素著手，它們可以是各種研究發現、網頁內容摘要、PDF 文件精華、閱讀筆記、隨想的草稿，這一切都代表你長期致力於對自己的領域、產業和世界賦予更多的意義。

我們的時間和專注力都很珍貴，因此理當把我們投注這些珍稀資源的報告、可交付的產品、企劃案、寫作成果、圖像、簡報等視為可重複利用的知識資產，而不須重新花費時間和精力生產它們。再利用

---

* 「中間產物封包」的英文縮寫是 IPs，剛好與智慧財產的縮寫相近，這是恰如其分的巧合，因為中間產物封包絕對屬於智慧財產。你創造出它們、擁有它們，而且有權在未來推進專案時反覆運用它們。

中間產物封包可讓我們有更多時間去專注於更高層次且更具創意的思考。從**小處**著手的思維，是提升視野和擴大格局的最佳方式。

我們可以在工作中創造和再利用五種中間產物封包：

- **去蕪存菁的筆記精髓**：從閱讀筆記中萃取精要（運用前一章學會的累進式摘要技巧）。
- **未獲採納的構想**：在過去的專案中沒被採用的材料或構想，它們仍有可能在未來的專案派上用場。
- **半成品**：在先前的專案中產生的文件、圖像、議程或方案等。
- **最終交付的成品**：過去的專案裡交出的成果，它們或可成為新專案的一個構件。
- **他人創造的文件**：你的團隊成員、承包商、顧問，甚至客戶或顧客的知識資產，你可參考並把它們整合進你的工作。

當你閱讀指南文章時，可將當中實用的部分存進數位筆記，並進一步萃取為**精髓筆記**，以備日後實際應用。假如你正寫作論文，可把最終**未收錄的內容**保存起來，來日或許會有後續的進一步想法。當你研發產品和設定詳盡的相關要求時，可以留存**半成品**以供未來的專案參考。如果你是管理顧問，可以儲存對主管團隊做的**最終版本**簡報，並於類似情境中再予利用。假若你是實驗室科學家，當同事設計出完美的實驗室協定，你也可以在取得許可後再利用和改善**檔案**內容。

你始終應註明引用的來源，並讚揚原作者的功勞。科學家不隱匿原始資料出處，他們會明確指出來源，讓人能夠回溯其新發現的歷

程。我們都站在巨人的肩膀上，根據他們的成就來建構自己的思維，而不浪費時間試圖「重新發明輪子」，這才是明智之舉。

善用中間產物封包對於推進工作有強效助益。

首先，這可使工作免遭打斷，因為你一次將只專注於一個小封包，而不用把整個專案全都加載到大腦中。你也比較不易受干擾，因為你不必試著在大腦裡處理所有半成品。

其次，你可以在任何時段進行，而不須等到有了數個小時接連不斷的時間——這實際上是愈來愈難以企求的。你也會較不畏懼大型專案和目標，因為你可以依據一天可用的時間來把它們拆解成數個小單元。

再者，中間產物封包使你能夠時常蒐集回饋意見，有助於提升工作品質。與其和外界隔絕、埋頭苦幹數個星期，你一次僅須處理一小塊，並在推進到下一小塊之前，把結果呈報給老闆或客戶，以確認有否偏離方向。你將發現，盡早徵詢意見的話，你會獲得較佳的回饋，工作上也會有明顯進展。

最後、也最棒的是，你最終將有許多中間產物封包可用，只要把這些先前創造的每一小塊組合起來，你就能完成整個專案。這個神奇的經驗將徹底改變你對生產力的看法。你將明白一切從零開始的想法不合時宜。我們為何不好好利用過去創造的豐富資產呢？你據此交出的高水平一貫成果將讓人讚嘆不已。他們會好奇你是如何找出深思熟慮所需的時間，而事實上你並沒有花用更多時間或付出更多心力，你只是活用了第二大腦中與時俱進的中間產物寶庫。只要是真正有價值的資產，就值得你悉心管理。

中間產物確實能提供我們全新的視角，來洞悉一切工作的最基本構成單元。憑藉從小處著手的思維，我們專注地一次只創造一個中間產物封包，而不須擔心它的可行程度，或能否確實發揮預期的作用。我們重新看待創造活動，把它視為持續不斷、一點一滴交付價值的循環過程，而不是數個月期間大舉全身心投入地賣力工作。

把每個小單元組合起來：無摩擦產出的秘訣
（The Secret to Frictionless Output）

每當你繪製草圖、設計簡報、用手機錄製短片，或是在社群媒體上貼文，你都是在從事小規模的創作，並會產生實質的副產品。思考一下你日常例行活動規律地產出的各種不同文件或內容：

- 我的最愛網頁或社群媒體書籤
- 個人反思日誌或日記
- 閱讀摘要
- 上傳至社群媒體的訊息、照片或影片
- 簡報裡的投影片或圖表
- 紙上或軟體裡的圖解、思維導圖或其他視覺資料
- 會議、訪談、商談或簡報的錄音檔
- 經由電郵獲得的一般問題的答案
- 部落格文章或白皮書等
- 企畫案文件和議程、檢查表、範本或專案回顧

　　你可以刻意坐下來創造一個中間產物封包，但是**察覺**已生成的中間產物封包並將它儲存進第二大腦，效用會更加強大。

　　以規畫大型會議為例，假如你要辦的是嶄新的活動，或者你從來沒有組織會議的經驗，那麼你似乎必須從零開始。然而，只要把這種大規模專案拆解開來，霎時就能明白你需要哪些構成要件：

- 會議的議程
- 有趣的分組討論列表
- 主題演說串流直播的檢查表
- 在網路上宣布會議時程的電郵
- 給演說者和小組討論成員的邀請函
- 會議相關網站

　　以上是籌辦會議所需的一些建構要素。你可以把它們列入待辦事項清單中，然後著手自己完成，然而另有一個更迅速也更有效益的方法。你當自問：如何**獲取**或**組合**這些構成單元而不須親自創造它們？

　　你不妨效法其他會議的議程規畫，也可參考其他有趣的分組討論安排，好擬具可行的分組討論列表。你還能借助過去組織現場活動的經驗，為主題演說串流直播流程製作檢查表。你參與過的會議的通知電郵亦可供借鑑。你也能參酌成功的會議網站頁面，以著手設計自己的會議網站。

　　範例能夠增進我們的創意，既有的模板能引導我們的構想，使其具備有用的形式，而不至於漫無目的不著邊際。幾乎所有你想做的事

情都有最好的實務案例和豐富的模型。

　　重點是，我共事過的多數專業人士都運用中間產物封包。第二大腦是你**已經**創造和正在使用的東西的儲存庫。而在使用這個寶庫時，你只須為它添加一些結構和個人意圖：將其匯聚於一處（比如說數位筆記軟體）以便搜尋；依據專案、領域和資源類別來組織它們；披沙揀金以利快速取用。

　　一旦我們完成這些初始步驟，我們的表達將從痛苦煎熬轉向直接組裝現有元素。

　　假以時日，你將有能力快速運用這些創意資產造出新事物，這將使你的職涯、事業甚至生活品質更上層樓。而如果只仰賴自己不可靠的大腦來產生優質構想，你甚至必須承受緩慢積累的無形代價：難以確認是否會有自己所需的結果。這會形成一股壓力，使你輾轉難眠、無法安心，甚至剝奪你與家人共處的時間。

如何再利用過去的成果

　　我們透過表達的步驟鍛鍊自己在必要時刻取用所需資產的能力。經由這個步驟，我們會對第二大腦的效用更有信心。

　　讓我們進一步檢視取用知識資產的過程。當我們需要中間產物封包時，要怎麼找到並運用它們呢？

　　這並非微不足道的問題，因為過去儲存的中間產物封包和未來的專案之間的關聯難以預測。你在某棟建築拍下的一張音樂會海報照片，可能成為你設計商標的靈感來源。地鐵上偶然聽到的一首歌，或

將對你為小孩校園表演創作的廣告歌產生影響。從某本書上讀到的關於說服力的想法，可能成為你組織公司活動的核心支柱。

當想法超越了不同主題間的界線，即可能促成最珍貴的連結。這類連結是出乎計畫和意料之外的結果，只會在諸多不同形式和規模的構想融為一體時顯現。

這固有的不可預測性意味著，你儲存於第二大腦的構想沒有單一的完美可靠的取用系統。我們必須透過四個相輔相成的方法來檢索它們。這四個方法相得益彰，它們的共同效用勝過電腦，而且比人類的大腦更加靈活。

這四個方法分別是：

一、搜尋
二、逐一瀏覽
三、標記
四、借助偶然力（Serendipity）

第一個取用方法：搜尋

數位筆記軟體具備強大的搜尋功能。它運用了與網頁搜尋引擎相同的革命性科技，使我們得以在自己的知識園地裡左右逢源、無往不利。

搜尋並不會耗用太多時間和精力。只要數位筆記集中儲存於一處，你就能讓軟體瞬間搜尋所有筆記內容。你還可以使用多個不同的關鍵字進行搜尋。

　　這使你在搜尋上不須像使用傳統文書處理軟體那樣逐一開啟和關閉個別筆記檔案。從某種意義上來說，第二大腦系統裡的每一則筆記都已「開啟」，你可在彈指之間檢視其內容或與之互動。

　　你應以「搜尋」作為第一取用方法。當你或多或少已經知道要找出什麼內容時，或者用其他工具查找有其限制時，使用搜尋功能將最有效用。如果你不確定自己要找尋什麼，或者想要查找圖表或影像，則可運用「逐一瀏覽」這個方法。

第二個取用方法：逐一瀏覽

　　如果你運用第五章講述的 PARA 系統來組織數位札記，你已經擁有一系列專屬於現行專案、責任領域、資源和檔案庫的資料夾。

　　這些檔案夾是專門設計來幫助你專注於其各自所屬的生活版圖。各資料夾的內容廣泛，從電話會議時匆忙寫下的簡短筆記到昔日專案用過的中間產物封包，不一而足。當你有任務要執行時，可以從其中取用與手上任務相關的一切知識資產。

　　研究顯示，❺ 在許多情況下，人們更偏好逐一瀏覽檔案系統中的資訊。藉由資料夾和檔案名稱提供的脈絡線索，這個方法讓人得以控制閱覽方式、知道下一步應到哪裡查找。❻ 逐一瀏覽使我們能夠漸漸聚焦於所找尋的資訊──剛開始時很籠統，然後愈來愈明確。這種瀏覽方式會動用到大腦中負責於實體環境裡引路的部分，因此對我們來

說是較為自然的方法。*

數位筆記軟體會提供一些附加功能，有助於輕鬆瀏覽分層資料夾。有些軟體還可讓我們依據建檔日期等不同條件，來分類整理出筆記清單。我們能夠藉此取得依建檔時序列出的互動式時間軸。某些軟體則具有只顯示圖像和網頁截圖的功能，使我們能快速瀏覽好找出吸睛的內容。數位筆記軟體多半允許我們同時開啟多個視窗頁面，以及並排視窗以比較各自的內容，好找出其中的模式，以及在視窗頁面間搬移資訊。

逐一瀏覽檔案夾找尋知識資產也有種種侷限。例如，有時你會知道即將接到專案，並預先為其建立專屬資料夾，而有時則無從這麼做。有時你很清楚一則筆記與哪個事業領域息息相關，但也時常毫無頭緒。許多筆記最終會以我們全然料想不到的方式派上用場。我們樂見這種機緣巧合，順其自然就好！

而對於難以預見和預料的事情，標記法真的是妙用無窮。

第三個取用方法：標記

這如同為儲存在各處的特定筆記貼上小標籤。它們一經標記即可被搜尋，並能一眼可見。運用檔案夾的主要缺點在於各式構想可能會被分開儲存，它們彼此之間就難以產生有趣的連結。而借助標記法能

---

* 哥倫比亞大學師範學院心理學暨教育學教授芭芭拉·特維斯基（Barbara Tversky）指出，「我們在空間思維方面的表現遠超越抽象思維，也更為經驗老到。抽象思考或許不容易，值得慶幸的是，抽象思維通常能以某種方式映射到空間思維。經由那種方式，空間思維可以替代和支援抽象思維。」

夠克服這個侷限，我們得以洞悉第二大腦裡難以簡單歸類的跨領域主題與關聯模式。

舉例來說，假設你在客服部門任職，並且留意到許多顧客一再遭遇若干相同問題。你可能決定撰寫一份常見問答集，然後放到公司的網站上。這不是一個你事先認清而有所準備的專案。或許你在設計常見問答集網頁上有一些可資參考的筆記，但你並不想從現有的專案、領域和資源檔案夾把它們搬移過來。

這時標記法便能派上用場。你可以花十五分鐘用常見問題的各個關鍵字進行系列搜尋，然後將找到的有用的筆記標記為「常見問答集」，而且不須把它們挪動到其他地方。一旦你發現了足夠的材料，即可對標示為「常見問答集」的內容進行一次性的搜尋，如此便能使這個標記之下所有材料立即顯示於同一處。現在你可以自由地仔細檢視它們、把特定的要點標示出來，並將其整理成寫作大綱。

我不建議讀者以標記法為主要的取用知識資產方法，因為這遠比搜尋及逐一瀏覽法更加耗時費事。無論如何，在前兩個方法不管用的特定情況下，以及你想要自發地蒐羅、連結和綜合多組筆記時，則不妨運用標記法。*

第四個取用方法：借助偶然力

這是最微妙難解、但在許多方面最強效的方法，有助於我們探索

---

* 標記法本身是個人知識管理學的一個課題。我針對標記法撰寫了一個額外的章節，讀者可在 buildingasecondbrain.com/bonuschapter 免費下載其內容。

人類心智無法規畫或預測的新可能性領域。創意工作者總是憧憬幾乎不可能的事情發生，也始終寄望各種構想如青天霹靂般產生關聯。

我們無法為這類事情制定計畫，卻可以為其創造理想的條件。這就是我們在第二大腦中把各種不同主題和格式的材料混合在一起的主要原因。我們調製的是創意 DNA 濃湯，它的功用是把新事物生成的機會極大化。

在取用知識資產方面，偶然力有若干不同的形成方式。

首先，當我們運用先前講述的取用方法時，最好保持稍微寬廣一些的聚焦範圍。不要只搜尋符合所設條件的特定資料夾，還要瀏覽相關範疇，比如說類似的專案、相應的領域，以及不同種類的資源的檔案夾。

在啟動一項專案時，我通常會檢視五到六個 PARA 系統資料夾，找出當中有用的知識資產。由於檔案夾裡的內容全都經過精心篩選與整合，並不會有材料過多的難題。假如你運用了第六章闡明的累進式摘要法來萃取筆記精髓，那麼你只須專注於標記的要點，無須逐字逐句重讀筆記內容。複習筆記要點通常僅需不到三十秒的時間，這意味著我們可在十分鐘內，重溫至少二十則筆記重中之重的精華。

其次，我們可藉由若干視覺模式來擴增偶然力。因此，我強烈建議讀者，做筆記要力求圖文並茂。我們的大腦會自然而然地與視覺資料達到協調一致。我們能在轉瞬間直覺地掌握顏色和形狀，而且消耗的能量遠少於閱讀文字。某些數位筆記軟體具有只顯示筆記中圖像的功能，這非常有益於活化大腦擅長處理視覺資料的部位。

最後，把想法分享給他人也能增進偶然力。當你向他人呈現自

己的構想時，並無法預料對方會有什麼反應。他們可能對你自認引人入勝的想法全然不感興趣。他們的回饋不必然是正確或錯誤的，但依然有其參考價值。也有可能，在你看來稀鬆平常的事情，卻能觸動他人的心弦。這亦是有用的回饋。某些人或能指出你意想不到的若干面向，或是建議你檢視未曾察覺的資源，或是做出與你的構思相得益彰的貢獻。這些回饋都有益於同時激發我們與他人的大腦和第二大腦。

表達的三個階段：如何秀出成果

我已於第三章闡明，在擴增第二大腦和精進知識管理技能的過程，我們會經歷三個明確的階段——記憶、連結和創造。

以下是我對教過的學生做的一些個案研究，藉由這些範例，你將能領會表達的三個階段是如何發展。

記憶：在確實需要時取用知識資產

已為人父的貝尼諾在菲律賓擔任商務顧問，他打造第二大腦的目標之一是更深入了解方興未艾的加密貨幣（虛擬貨幣）趨勢。他先前曾試過其他組織資訊的方法，但在取用知識上總是難以得心應手。他一再地「閱讀、新增書籤，然後遺忘讀過的內容」。而建構自己的第二大腦之後，每當看到創新的加密貨幣相關文章，他會用幾分鐘時間把文章摘要存進數位筆記裡。而在一些友人對此感興趣時，他便花八分鐘萃取那些摘要的精髓，然後分享給他們。他投注時間閱讀和了解這個複雜主題，最終幫好友們節省了許多時間，同時也使他們與新興

趣產生連結。

貝尼諾指出，「我直覺地明瞭，把長篇大論的文章寄給友人無濟於事。因此，我給予他們去蕪存菁的文章精華，使他們能夠一目了然。目前我正規畫一篇新文章，而且材料充足，這都要歸功於CODE 法。」

當你想使第二大腦衍生更多價值時，無須發明新理論，只須掌握那些激發共鳴的想法，然後很快就會留意到分享思維以造福他人的時機。

連結：運用筆記講述更大格局的故事

派屈克是科羅拉多州的教會牧師，他借助第二大腦來設計追思禮拜。對他來說，這是禮讚生命的創意經驗。他規畫追思禮拜的目標在於「用崇敬的方式講述故人的生平，並回顧他們的人生意義」。這曾經是難以辦到的事情，而如今派屈克透過第二大腦得以體會，他能夠便利地收錄與連結逝者的生平故事，並彰顯它們對於在世親人的意義。

這促成他轉向更富創意的過程。他開始運用智慧型手機的語音自動轉成文字軟體，來全面掌握悲傷的遺族緬懷故人的話語。他把這些對話的全文，以及各種相關訃聞、照片和文件，儲存於個別追思禮拜的 PARA 專案資料夾，如此即可將所有材料一覽無遺。他不須花費五到七個小時來聆聽訪談內容和從中萃取要點，只須撥出十五分鐘就能完成披沙揀金的過程。

據派屈克表示，「運用第二大腦使我的第一大腦如釋重負，在我

坐下來聽取悲傷的遺屬講述個人生平時，第一大腦可免於多工作業，它因知道一切話語都被錄下而如釋重負，也因明白籌備追思禮拜時八成的工作已經完成而如釋重負。」*

富創意的表達並非總是被用來自我推銷，或是推進自己的事業。某些最美好的創意表達也可為他人串起人生各項經驗，使人能看清生命的全貌。

創造：無壓力地完成專案與目標

芮貝卡是佛羅里達州一所大學教育心理學教授，她運用數位筆記軟體規畫教程和創造課堂所需的簡報。

在建立第二大腦之前，芮貝卡必須花費大量連續的時間備課，但是身為忙碌的專業人士和母親，她能擁有的一整段連續時間愈來愈稀少。

而採用數位筆記軟體使她的教學準備得以順利進展。在授課前數周，她著手將一些打算編入講義的簡短筆記放進軟體的收件匣。當坐下來編寫課程大綱時，她已經擁有所需的所有中間產物封包──研究成果、故事、比喻、圖表等。她只須把這一切串聯起來。

芮貝卡指出：「我得以檢視各項當務之急──工作、家庭、婚姻等方面的優先事項，然後專注於當前手上的各個專案。」

不論你負責創造什麼事物──文件、簡報、決策等──第二大腦

---

* 我最珍愛的經驗法則之一是「唯有在八成的工作完成時才啟動專案」。雖然乍看像是自相矛盾的說法，但這意味著只有在已做好獲取、組織與萃取相關材料的大部分工作後，再致力於完成專案，因此我們不會有啟動專案卻無法收束之虞。

都是你一切所需知識的重要寶庫。你可以隨時隨地進入這個數位創意環境裡，並且適時創造出成果。

創造力基本上是協作的產物

常聽到這樣的荒謬言論：完全與外界隔絕的孤單藝術家才會有創造力。我們隱約聽聞，要阻絕其他人對我們的影響，勤奮不懈地靠自己創造出傑作。

以我的經驗來說，這根本不是創造力起作用的方式。不論從事哪方面的創作，你始終必須和其他人協作。假如你是音樂家，需要音訊工程師為專輯混音。如果你是演員，需要信任你的導演。即使是會讓人聯想到深山林內孤寂小木屋的作家，寫作也牽涉社會活動創作過程必然要與編輯頻繁互動。

運用既有的知識資產推進專案，並非只是重複地用新瓶裝舊酒，因為光是這樣無法使你發揮真正的潛能。你必須分享知識資產並與人協作，才能徹底脫胎換骨。

把較小的中間產物封包分享給他人並尋求回饋，遠比把整個創造中的作品分享和獲取回饋更輕而易舉。與其在努力數個月後面臨負面反應而措手不及，倒不如在創造的初期階段聽取關於中間產物的批評，如此即有時間來進行修正。回饋意見可使你創造的成果更加完善，達到引人入勝、言簡意賅且易於領會。

從事創意工作最根本的難處在於，我們通常會因為距離太近而無法維持客觀。獲取他人的回饋實際上是向對方借位思考、透過他們的

觀點來看事情。如此，你方能超脫主觀見解，好找出自己創造上的缺失。

一旦了解回饋的不可思議價值，你將熱切渴求更多的回饋。你將尋求每個分享機會，從而逐步看清他人如何看待你的產物。這個過程至關緊要，你將藉此著手改變工作方式，以盡早、盡可能頻繁地獲得回饋，因為這遠比馬不停蹄地獨自努力更有成效。你將開始視自己為蒐集各方回饋意見的「策展人」，而不是唯一的構想創始人。

第二大腦裡會有特定的價值非凡、讓人流連忘返的筆記內容。當中的想法或可成為你建構一切的基礎。而透過分享，你將明瞭哪些思維觸動了他人的心弦，從而發現它們在創作過程作為基石的價值。

一切都是重新組合的結果

CODE 法是奠基於創造的一個重要面向：創造始終是重新組合既有的要素。我們都站立在先行者的肩膀上。沒有人能從純粹的空無狀態創造出任何事物。

《星際大戰》和《法櫃奇兵》系列電影運用了「成套組件重構法」（Kitbashing）來製作小規模的模型。為了節省時間和預算，模型製作師會購買預製的成套商用模型組件，然後因應電影場景需求，把現成組件重新組合成所需的新模型。與其從零開始製作新的構件，不如從現成的第二次世界大戰高射炮模型、美國海軍戰艦模型、戰機模型、T-34 戰車模型、潛艦模型等取用零組件，為場景的特殊效果增添質地和精妙的細節，因為這樣做不但省時也省經費。

　　廣受歡迎的科普電視節目《流言終結者》（*MythBusters*）主持人亞當·薩維奇（Adam Savage）精通模型製作，據他指出，成套模型組件的組合方式千變萬化，「某些成套組件會讓人樂而忘返」。薩維奇也是光影魔幻工業（Industrial Light & Magic）公司的團隊成員，是許多電影特效場面的幕後功臣。該團隊創造的模型幾乎都出自於一個特殊的成套組件。❼

　　但是，切勿把他人的整個工作成果據為己有，我們只能借用其成品的某些**部分**或**面向**。你可以參考某個網站的圖形設計、某項簡報的安排方式，或某首歌曲的風格，然後把它們與你自己的一些構想融合為一體。而且，你理當註明它們的來源，即使沒有嚴格規定，也必須這麼做。這不會減損你貢獻給成果的價值，反而能提升其價值。擁有第二大腦，並且清楚地記錄所獲材料的來源，你將能輕易地追蹤影響你的最終成品的源頭。

　　記得首次有人向我提到「你的作品」時，我頓然領悟自己擁有一系列作品，而且它們具有與我迥然有別的特性。對於任何創意工作者來說，這是專業生涯裡的一個轉捩點——這時你開始把「你的作品」視為獨立的存在。

　　用知識資產重新建構生產力是邁向這個轉折點的一大步驟。與其從**任務**的角度來思考工作並且總是要求自己事必躬親，還不如從既有的知識**資產**的視角看待工作，並以中間產物封包作為**構成單元**來組合出新的成果。

　　當智慧財產的潛能變得顯而易見，你將著手尋求創造更多知識資產的方式。你將開始找出向他人獲取或分享知識資產的方法，而不是

僅憑一己之力去打造知識資產。這些轉變將使你的生產效率遠超越僅靠學習「生產力技巧」所能達到。

即使你當下不是從事寫作，或者並非正在製作簡報或是研發新體系，這並不意味你未來永遠不會做這些事。而你創造的每個數位物件——電郵、會議筆記、專案計畫、範例等——都是你積年累月演進的總體工作的一部分。它們就如同具有智能的有機體的神經元，會隨著經驗的累積而成長、演化，並達到更高的意識層次。

付諸實踐：真知即所成

關於創造力，我最喜愛十八世紀哲學家詹巴蒂斯塔‧維柯這句話：真知即所成（*Verum ipsum factum*，英文譯為 We only know what we make）。

要真正地「認知」某件事情，光是閱讀相關的書籍並不足夠。我們也不能空有想法而無實際行動。構想總是會隨時間推移而快速地從我們的腦海淡出。著手落實才能真正使你的想法堅持下去。你必須全力以赴，把知識應用來解決實質的問題。我們都是經由做實事來學習。

我們著手表達自己的想法，以及將知識化為行動，從而真正地改變我們的人生。你將以不同的方式閱讀，也會更專注於與你的論點息息相關的內容。你將能提出更切中要害的問題，而且不會對含糊的解釋或漏洞百出的邏輯感到滿意。你將自然而然地尋求展示成果之道，因為你獲得的回饋將使你見多識廣。你在職業或事業上的行動將更加

謹慎行事和深謀遠慮。

　　這不只適用於想成為專業藝術家、網紅或商業大亨的人，也可讓你用來充分掌握工作、構想以及自己想投入的領域。不論你的成果如何傑出或令人印象深刻，或被多少人看見，這些都無關緊要。重要的是你表達了自己的想法，並堅持這事關重大——即使只有親人和好友、同事與團隊、鄰居或同學聽到。你必須足夠珍視自己的想法才會向他人分享。你理當相信，再小的構想也有改變他人生活的潛能。如果你還沒被我說服，那麼請從最小的專案著手，試著證明你自己的構想能夠帶來改變。

　　或許你會意識到自己有許多關於健康飲食的筆記，然後決定自己實驗一項經典食譜。你也可能發現專案管理技能課程的相關筆記，並決心把它整理成簡報來教導你的同事。你還可以把筆記裡收錄的洞見和生活體驗寫成部落格文章，或是製作成一部 YouTube 影片，好協助面臨類似挑戰的人們。

　　這一切自我表達行動都有助於你開始全面解放創造潛能。

第 3 部

改變
付諸實踐

第 8 章

創意執行的藝術

創意產品總是耀眼且新穎;創造則是古老且恆久不變的過程。
──精神科醫師暨《創造的秘密》(*Creativity: The Magic Synthesis*)
作者西爾瓦諾·阿瑞提(Silvano Arieti)

幸運的我成長於洋溢著音樂和藝術的多元文化家庭。

我的母親是來自巴西的歌唱家和吉他手。我對於母親的最初記憶包括她隨著古典吉他旋律,以女高音唱出優美的葡萄牙語歌詞。我的父親是出生於菲律賓的專業畫家,擅長畫色彩奔放的水果、綠意盎然的風景,以及紀念畫像。家中每一面牆都掛滿了父親的作品,因而頗有藝廊氛圍。

我絕不認同所謂的「苦悶藝術家」的刻板印象,始終不認為藝術家必然反覆無常、難以捉摸、多愁善感、不可信賴。在我認識的人裡,父親是最有條理且最負責任的人之一,而這並未減損反倒增益了他的奇妙創造力。他一邊盡責地養家活口,一邊活力充沛地實現創作

宏願。父親說他自有一套「策略」，就是一些習慣和訣竅，藉以將創造力整合進日常生活每個面向，這使得他在有時間作畫時，能夠快速進入創作狀態。

在家鄉教會的傳道會上，父親總是一邊聽神父講道，一邊在小筆記本上練習聖經故事相關的素描。這些素描通常會成為八到十英尺高的更大型畫作的起點。在逛超市時，父親會挑選形狀特殊的蔬果，好用來構思靜物畫作。我們的食物被吃進肚子裡之前，總是會先扮演父親繪畫的「模特兒」。當全家人於傍晚一起看電視時，父親常會把目光移到客廳牆上那幅還未完成的畫作。他說，從新的角度以眼角餘光看著創作中的畫，可以洞悉當中缺了什麼。

父親有計畫且有策略地發揮他的創造力。當畫作必須有所進展時，他會全神貫注進行創作，但這不是他唯一揮灑想像力的時刻。在日常生活多數時候，他勤於採集、篩選、深思和重新爬梳原始素材，因此當專心於創作時，他總是有充足的材料可資運用。父親總是悉心組織創意的源頭活水，從而獲得創作燃料，在數十年間畫出數千件作品。而他依然有充裕的時間來看我們的足球賽、烹調美味的食物，以及帶家人遊歷四方。

我從父親學習到，我們必須做好事前的獲取和組織原始材料的工作，才能在創造事物上做出實質的進展。我們不能奢望自己能在需要時立即產生高明的想法，而必須在日常生活中系統性地管理各式有趣

的構想，以提升創造力和解決問題的能力。[*]

CODE 法的所有步驟都是設計來完成一件事情：幫助你運用各種可行的數位工具，使你容易犯錯但具有無窮創意的大腦發揮最佳效用，這包括想像、發明、創新和創造。

打造第二大腦實質上是關於如何把工作方法**標準化**，因為唯有如此，我們才能真正地更上層樓。我們必須運用正確的健身方式，才能使身體強壯起來。音樂家仰賴標準化音符和拍子記號，而不須每次都從零開始重新發明基本工具。若要增進寫作能力，你理當遵守既定拼字規則與文法（即使有時你會打破法則來發揮特殊效果）。

經由獲取、組織、萃取種種想法，並把思維精髓組合起來以創造價值，我們完成了知識工作的基本步驟，藉此日益精進。

這種標準化的例行作業即是**創造過程**，它的運作基礎是某些恆久不變的原則。只要辨識出這些經得起時間推移與科技演變考驗的亙古原則，我們就能更進一步了解創造力的根本性質。

人類的**創意產物**始終會推陳出新，總是會有更炙手可熱的新潮流風行。先是流行 Instagram 照片，接著是 Snapchat 故事、TikTok 影片當道，如此不斷吐故納新。即使是具有悠久傳統的小說也會隨著時代持續演化。

但是只要更深入探究，我們會發現截然不同的事情：創造是古老而且恆久不變的**過程**。自數千年前迄今的創造過程始終如出一轍，而

---

[*] 我製作了一部名為《韋恩・拉克森・佛特：實現自我之道》（*Wayne Lacson Forte: On My Way To Me*）的紀錄短片，講述我父親的作品與生平，讀者可經由這部影片洞悉我從父親的創作過程學會的事情。

且我們可以從中學會超越特定媒體和工具的侷限。

　　創作過程最重要的模式之一是「擴散與聚合」（divergence and convergence）。[*]

擴散與聚合：創造的平衡做法

　　檢視任何創作過程，你會發現一個共通的簡單模式，那就是在擴散和聚合之間求取平衡。

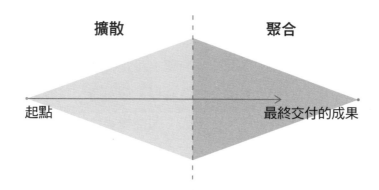

　　創造向來始於擴散的行動。你在創作之初開啟各種可能性的發展空間，並且盡可能考量多數的選項。就如同泰勒絲的筆記、崔拉・夏普的檔案盒、法蘭西斯・福特・柯波拉的提詞本，或是奧克塔維亞・巴特勒的手札，你著手從外在世界蒐集各種靈感來源、讓自己接受各式影響、探索新的路徑、向他人分享你的想法。你觀察和思考的事情

---

[*]　我最初是從「設計思考」（Design Thinking）方法領會到擴散與聚合模式。這個方法源自史丹佛大學設計學院的創意問題解決法，後來於一九八〇和一九九〇年代經由IDEO創新顧問公司推廣而日漸普及。

與日俱增──從起點開始向外擴散。我們對擴散都已耳熟能詳，比如說白板上畫滿構想圖、垃圾桶裡盡是揉縐的草稿、地板上排列著數百張照片。擴散的目的在於創生新構想，因此這個過程必然是自發的而且雜亂無章。在擴散模式中，你無法充分計畫或組織事情，也不應試圖這麼做。此時只須毫無目的地漫遊。

然而，如果只有擴散行動，我們將一事無成。我們還須仿效柯波拉對教父原著小說去蕪存菁的做法，著手捨棄某些可能性，並聚合形成可行的解決方案。否則我們將永遠難以功成名就。

聚合促使我們排除一些選項、權衡得失、決定什麼才是真正基本的要務。聚合的過程涉及縮減可能性的範圍以便有所進展，並促成令人引以為傲的最終成果。聚合使作品從我們分離出來，從而具有其自身的生命。

擴散與聚合是所有創意工作的根本模式，在創造的領域始終無所不在。

作家透過蒐集故事創作的素材、草繪潛在的角色、研究歷史事實來展開擴散行動，然後經由撰寫故事大綱、安排情節要點、寫作初稿來推進聚合過程。

工程師藉由鑽研所有可行方案、測試問題的範圍、調整工具來啟動擴散，並透過決定特定方法、設計執行的細節、落實藍圖來推展聚合過程。

設計師借助採集樣本與模式、探詢用戶的需求、草擬可行方案來推動擴散，然後依靠繪製線框圖、建立設計圖檔和敲定解決方案來開啟聚合過程。

　　攝影師憑藉拍攝有趣事物的照片、並列反差強烈的照片、實驗新的打光方式或構圖技巧來開始擴散行動，並藉著挑選可用照片、把未使用的照片歸檔、列印最愛的照片來啟動聚合過程。

　　如果我們把 CODE 法四大步驟加以濃縮，將可得出創造過程擴散與聚合的強效範本。

　　CODE 的前兩個步驟「獲取」和「組織」構成了擴散過程。它們攸關採集想像的種子以及將種子儲存在安全的處所。在此過程中，我們研究、探索和增添各種想法。CODE 後兩個步驟「萃取」和「表達」則構成聚合過程。它們幫助我們關上新構想的閘門，並協助我們開始用知識組成單元來建構新事物。

創意工作的三個策略

　　強大的第二大腦有助於我們克服創意工作的普遍挑戰，意即期望做出進展卻苦無構想可資運用。

　　我們應當做更多研究嗎？還是應著手組織已經完成的研究？

　　我們該擴大視野，或是縮小專注範圍？

　　我們應展開新的創造活動嗎？還是應當完成已經開始的創造活動？

　　關於這些問題，我們只要學會分辨擴散與聚合，就能在每次啟動工作後決定何時應採用哪一種模式，從而得到問題的答案。在擴散模式中，你要做的是擴大視野和探索一切可行選項。你應開啟所有門窗、點擊每個連結網址、一個接一個地檢視可用資源，以及讓好奇心指引你採取下一步行動。而當你決定進入聚合模式時，則要做相反的事情：關閉門窗、戴上降噪耳機、忽略所有新的資訊、堅持不懈地追求美好的成果。你當自信已擁有充足的構想和資源，並向內在心靈尋求達成目標之道。

　　在這兩個模式中，聚合是最令多數人掙扎的過程。

　　你的想像力和好奇心愈是強烈，興趣就會愈加異質多元，對創作品質的要求也會愈高，因此你很可能會更加難以決定從擴散模式轉入聚合模式的時機。選擇一個行動方案並捨棄其他可行選項，通常是令人痛苦的事。砍掉劇本或故事裡一個頗有發展潛能的構想，必定會使你悵然若失。這是從事創意工作必須克服的挑戰。

　　當你著手一項工作時，不論是撰寫說明性質的電郵、設計一項新產品、寫作研究報告、構思募款策略，都可能會禁不住想要做更多的研究。你會輕易開啟許多瀏覽分頁、訂購更多書籍，或是轉往全新的探索方向。你會忍不住採取這些行動，是因為這麼做似乎表示你具有生產力，而且覺得顯然有了進展，但事實上這些擴散行動只會延後你

完成工作的時間。

　　我建議讀者採行以下三大強效策略，好避開聚合的陷阱、適時完成各種創作專案。這三個策略都仰賴你藉以操控和形塑資訊的第二大腦。你可以把它們想像成第二大腦的工具。當你卡關或需要有人指點迷津時，隨時可以求助於這三項工具。

一、構想列島：為自己準備踏腳石

　　當你著手新工作時，不論是編寫操作指南、設立訓練工作坊、為新專案製作簡報、撰寫部落格文章，這個策略都有其價值。即使你的任務本質上難以預料，它仍能幫你規畫進度。這個策略是依據寫出一系列創意、創新與思維史好書的作者史蒂文・強森（Steven Johnson）的說法來命名。❶ 強森指出：

　　　　與其束手無策地盯著空白頁面，我寧願檢視充滿引文的文件──不論內容是引自信件、首要來源、學術論文或是我自己的筆記。這是一個抵擋拖延慣性誘惑的卓越技巧。在偶然發現這個方法之前，我常因腦海中一片空白而接連數周一籌莫展，無法寫出新的章節。如今，啟發靈感的種種引文形成的「列島」，啟動了每個新章節的生命，使我不再感到氣餒。我必須做的就只是構築群島之間的聯通橋梁。

　　列島是系列海島組成的島鏈，通常為長時期火山活動的產物。舉例來說，夏威夷群島是由太平洋上綿延約一千五百英里的八大島嶼組

成的列島。

　　我們可經由蒐集各種來源的想法，或自己的論文、簡報、工作成果的骨幹與要點，來創造出由構想組成的列島。一旦擁有了達到群聚效應的系列構想，我們就能果斷切換到聚合模式，從而把種種主意連結起來並賦予它們意義。

　　以下用我寫作手札相關文章的「構想列島」（Archipelago of Ideas）作為範例：

手札

手札

透明箱與手札相關研究的七個重點

- **手札最常見的形式是抄寫自己讀到的饒富趣味或扣人心弦的內容**，並將其組合成個人化的引文百科全書。
- **哲學家約翰‧洛克於一六五二年成為牛津大學新生時開始寫作手札。**
- 洛克手札優雅之處在於**具備恰如其分的秩序**，使人足以發現所需的片段，而同時又能保有**手札主體不羈且不經意的曲徑通幽特色**。

從手札裡採礦以加速寫作過程

- **手札：集中化、個人化的有組織且持續不斷地維護的資訊寶庫。**
- 思考一下畫家查克‧克洛斯（Chuck Close），他以無數微小的網格來構成大型的作品：「我將諸多小筆觸結合起來。**我基本上由上往下、由左至右作畫。我緩慢地建構畫作──就如同某些人製作被褥，或鉤織，或編織的方式。**」

　　上圖加上底線的連結可以追溯到相關研究的資訊來源。點擊連結後，將會出現我儲存在第二大腦內的整個相關筆記，而不是連上某個

網頁然後迷失在資訊堆裡。＊我將在那裡找到需要的所有細節，並且能夠連結到引文的原始來源。

在每個來源之下，只有我特別想用來寫作手札相關文章的一些要點。這個構想列島包括了外部來源，以及我根據自己的想法和經驗寫的筆記。如此，我不但能專注於息息相關的重點，還能在彈指之間掌握一些所需的細節。我運用累進式摘要法以粗體字和醒目的顏色標示出重中之重，這有助於我迅速了解哪些是最有趣也最至關緊要的內容。

這個策略相當於重新發明歷史悠久的階層式大綱——把要點分層羅列，而在執行時只須將它們串聯起來。上圖正是我進入聚合模式以完成文章初稿時所需要的「構想列島」。

我們理當捨棄紙張，以數位方式創造大綱，這樣做主要會有以下這些益處：

- **數位大綱更加靈活且具可塑性**——你可以添加項目符號或刪除某些內容、重新安排順序和擴展內容、增添粗體字與顯眼的顏色，以及在想法改變時重新編輯大綱。
- **數位大綱可以連結到更詳盡的內容**——你既能連結到自己的私有筆記也可連上網路的公共資源，而不須努力把所有要點塞進同一個頁面，這有助於避免大綱承載過多的細節。

＊　如果你把數位筆記軟體內容同步到個人電腦上，那麼所有筆記都會被儲存到電腦的硬碟裡，也就不須持續連接上網際網路。

- **數位大綱具有互動和多媒體功能**——你可以添加文字、影像、GIF 動態圖檔、影片、附加檔案、圖表、檢核方塊等。
- **數位大綱能被搜尋**——即使是字數比較多的數位大綱，我們仍能使用強效的關鍵字搜尋功能即刻將所需內容找出來。
- **數位大綱可由任何地方取用和編輯**——你可把數位大綱同步到所有的數位裝置上，如此即能在任何地方加以檢視和編輯。

「構想列島」能夠幫我們區分大腦最難以同時處理的兩件事情：**挑選**構想（選擇）以及把它們**組織**得有條有理（定序）。

大腦不易同時進行這兩個活動的原因在於：選擇是擴散行動，它要求我們保持開放心態、主動地考慮任何可能性。而定序是聚合行動，它要求我們秉持較封閉的心態、只專注於已經擁有的材料。

我們理當運用「構想列島」的原因在於，與其枯坐在空白頁面或螢幕前苦思從何著手，遠不如借助一系列小塊踏腳石來引導自己啟動工作。首先，你選擇要納入數位大綱的種種構想和要點，然後重新安排和定序，使其條理分明。這能使選擇與定序這兩個步驟更有效率、較不費勁，且不易受到干擾打斷。

我們不應從稀缺的狀態開始，而應從豐足的狀態著手，意即從收錄在第二大腦裡耐人尋味的豐富洞見起頭。

二、海明威橋：把昨天的動能用於今天

海明威是二十世紀最知名和最具影響力的小說家之一。他的寫作風格簡約樸素，傾向於輕描淡寫，這深深陶冶了一整個世代的作家，

並於一九五四年獲得諾貝爾文學獎的肯定。

著作等身的海明威有一個特殊寫作策略，我把它稱為「海明威橋」（The Hemingway Bridge）。他總是在領會故事接下來將如何發展之後，終結現階段的寫作。他在想清楚下一段情節的要點後暫時停筆，是為了免於耗盡想法和創作精力。這意味著，下回他坐下來繼續寫故事時，將明確知道從何著手。他以今日尚存的能量和動力來推進明日接續寫作，從而為下一階段的創作活動架好橋梁。*

我們可以在「構想列島」之間架設「海明威橋」。打造「構想列島」只是第一步驟，更具挑戰性的是把它們連結起來以產生意義。建構「海明威橋」正是我們所需的方法，它有助於我們在創造過程中逐島躍進，而不致面臨過多風險或遭遇驚心動魄的狀況。你可以保留若干精力和想像力，然後把它當作進展到下一步驟的啟動平台。

我們當如何構築「海明威橋」？在每個工作時段，不要殫精竭慮，我們理應保留一些時間和精力，運用數位筆記軟體寫下接下來該做的事。

- **記述關於後續步驟的構想**：在結束一段工作之前，把你關於下個步驟的想法記錄下來。
- **描述當前的狀態**：這可以包含你當前最重大的挑戰、最重要的開放性問題，或是你預料到的未來發展上的阻礙。

---

* 我們可以修改一下作家史蒂芬·柯維（Stephen Covey）的經典建言「以終為始」（begin with the end in mind），把這想成是「以始為終」（end with the beginning in mind）。

- **記下你離開工作後可能會遺忘的任何細節**：比如說，故事中各角色相關細節、規畫中的活動可能遇上的一些陷阱，以及關於設計中的產品的精細考量。
- **寫出你對下個工作時段的意圖**：為接下來的工作、想解決的難題，或是有意達成的目標預做打算。

當你再次致力於未完成的工作時，不論是在幾天或幾周之後，你將擁有大量的起點和接續步驟。我時常發現潛意識默默在持續運作，並且幫助我改善關於後續步驟的想法。在一夜好眠後重拾一項專案時，我能夠把先前的構想化為富創意的突破性成果。

我們還可以進一步運用這個策略：分享草案、測試版本或提案書，以徵求回饋。你應向親人、好友、同事或協作者分享中間產物封包；告訴他們這是「半成品」，並徵詢他們的看法。只要這麼做，下回你進行後續工作時，就會有諸多建議可用來為「在製品」增色。

三、縮減規模：交付小而具體的結果

我推薦的第三種策略稱為「縮減規模」。

「規模」是軟體研發者在專案管理上採用的一個名詞。我是在矽谷工作時學到這個概念。它指涉一個軟體研發計畫可能涵括的整套功能。

假設你正在設計一個健身應用程式。你描繪了美好願景：它可幫用戶追蹤鍛鍊過程、計算消耗掉的熱量、尋找健身房、製作進度表，以及透過社群網絡連結其他人。它將使用戶的生活脫胎換骨！人們將

對它讚不絕口！

　　就如同多數目標那樣，當你著手規畫細節時，將發現要打造如此複雜的功能談何容易。你必須設計易於上手的使用者介面，以及建構運作順暢的系統後端。你還須聘用客服人員、訓練他們幫用戶化解問題。你需要全套的財務奧援，以利追蹤種種款項和遵守各項法規。更不用說，你得要承擔員工管理上的一切責任、與投資人打交道，以及規畫長程的發展策略。

　　軟體研發團隊可以運用「縮減規模」策略來處理這類複雜難題。與其延宕軟體上市日期，而面臨與日俱增的競爭壓力等災難，不如隨著上市日程逐步迫近縮減功能。比如說，待未來更新版本時，再加入連結社群網絡的功能。或是先捨棄進度表的互動功能。或是全面取消搜尋健身房的功能。我們理當優先縮減那些最難打造或代價最高昂的功能，因為它們具有最高的風險或是不確定性，也可能不是新軟體的核心目標。

　　我們應拋棄過多的功能以減輕工作量，從而使軟體得以像丟棄了過多重物的熱氣球那樣離地升空。我們始終能夠在未來更新軟體時，增添最初未能納入研發中版本的任何功能。

　　這個例子和知識工作者的職涯有什麼關聯呢？

　　知識工作者也都必須在嚴格的截止期限前交付複雜的工作成果。我們的時間、金錢、專注力和奧援都有限，也就是說，我們一向是在侷限中工作。

　　當我們逐漸明白整個專案的複雜程度時，多半會延宕相關工作。不論是職場進行中的專案或正職以外的個人專案，拖延都是難免的。

我們尤其會推遲自己利用閒暇時間做的專案。我們拿時間不夠充足作為藉口，然而這只會造成更多待解決的問題。隨著完成專案的時間愈拖愈長，我們會開始喪失動機或迷失方向，而且此刻時興的事物最終可能會退流行。我們的協作者將另謀發展，科技將過時而需要升級，而且生活中總是會有隨機發生的事件不斷干擾我們。擱延目標通常只會剝奪我們成長所需的經驗。

我們的問題不在於時間匱乏，而在於忘了自己可以控制專案的**規模**。我們可以把專案縮減到更易於管理的人小，而且只要我們想完成專案，就必須這麼做。

我們不能等萬事齊備、一切條件都完美無缺時再來著手展開專案。我們始終會欠缺某些東西。縮減規模就是承認特定專案的所有構成部分並非同等重要。我們可經由捨棄、刪減或推遲最不重要的部分來排除種種阻礙，如此即使時間稀缺，我們依然能夠推進專案。

「縮減規模」策略的核心是第二大腦，因為我們需要一個地方來儲存專案中被推遲或割捨的部分。

這包括寫作時刪除的字句或頁面，或是製作影片時移除的場景，或是演講時因應時間而省略掉的部分。在任何創造過程中，縮減規模是極為常見而且有其必要的事情。

但你並沒有必要丟棄那些略去的部分，因為日後你還是有可能用得上。未能在簡報用上的投影片，往後可能成為社群媒體貼文的材料。一篇報告捨去的觀察心得，說不定未來會成為簡報的基礎。從會議議程中拿掉的某個項目，也有可能成為下次會議的起點。我們永難預知某個專案排除的部分會在何時成為另項專案不可或缺的構成要

素，畢竟世界充滿了無限的可能性。

由於擁有第二大腦，我確知不會遺失自己創造或寫出的任何事物，它們全都被儲存起來以備日後派上用場，這使得我能夠自信地縮減創意工作的規模，而不須擔心徒勞無功或永久失去思考的結晶。我也很清楚自己始終能修改、更新或接續過去做的任何事情，這讓我勇於分享還不完美的想法，從而徹底改變了自己的職涯軌跡。

不論你正在創建什麼，縮減規模能幫你在有限的時間內交付有價值的成果。以下是一些範例：

- 如果你想寫書，可先從寫作一系列線上文章來起頭，以概略闡述你關於新書的主要構想。假如你沒時間這麼做，也可以只寫一篇社群媒體貼文來說明你寫書想要傳達的訊息的要旨。
- 倘若你想開設工作坊招收付費學員，可先於在地聚會場所成立不收費工作室，或是從規畫團體練習或是組織同事、朋友讀書會來著手。
- 假如你想製作一部短片，可先拍攝 YouTube 影片或是串流直播影片。你甚至可用手機錄製影片來作為開端。
- 如果你想設計公司商標，可從簡單的網頁模組或是手繪圖稿著手。

我們需要客戶、同事、協作者或友人提供回饋意見，好幫我們找出構想方向。而假如我們無法對他們展示具體的東西，又怎能收集到各種回饋意見？這正是創造過程中先有蛋還是先有雞的問題。你不知

道該創造什麼，而在創造出東西之前，你不會明白人們想要什麼。縮減規模是跳脫這個矛盾命題的一種方法。我們可用小而具體的結果來「試水溫」。

　　擴散與聚合並非線性的，而是周而復始的循環路徑：一旦完成一輪的聚合過程，你可以帶著學習成果開始新一輪的擴散過程。我們應維持反覆循環遞進的疊代過程，直到認定已經完成工作並且廣為分享成果。

擴散與聚合的自然狀態：
居家辦公室專案的幕後實況

　　以下是我運用三大策略將車庫改造為居家辦公室的實例。

　　在搬進新家後，妻子和我很快就明白，我們需要更優質的工作空間。我們都在家工作，而新居多出來的小房間並不敷辦公所需，更不用說未來小孩出生後要用到這個房間。於是，我們計畫把車庫改造成居家辦公室。為此我創建了一個專屬資料夾，從而啟動了這個專案。我著手為專案打造「構想列島」，擬出主要問題、應考量事項、需要的功能、面臨的侷限等。以下是我在十五分鐘裡完成的綱要：

專案簡介：佛特學院居家辦公室

專案簡介：佛特學院居家辦公室

前言

- 高度多功能、模組化、能靈活地調適需求變動
- 同時具備辦公室與會議室的功能
  - 在家工作發揮生產力而不至於發瘋的方法：佛特關於**居家辦公的十大提示**
- 增建廁所與客廳
  - 我們能擁有小型廚房嗎？

費用

構想

- 虛擬互動體驗（**Virtual interactive experiences**）
- 跨越實體與數位世界
- 東尼‧羅賓斯（Tony Robbins）的影片是設置超純水（UPW）系統的兩大靈感來源，網路插畫家馬可‧譚佩斯特（Marco Tempest）關於居家辦公室的主題演說影片也是一大靈感來源。
- 推特上討論當代學習的對話串

階段／時間表

- 第一階段：車庫改造／居家辦公室
- 第二階段：廣播工作室
- 第三階段：錄音工作室

設置 Zoom 線上會議平台的需求／背景幕

- 可以凸顯主體的深色背景幕
- 設備

　　我事先並不知道這個文件將納入哪些主要標題，但在寫下想法之際，標題很快就浮現，當中包括引言、費用、構想、階段、美學、設置 Zoom 虛擬會議平台的需求、設備和開放性問題等。我運用第二大腦對「居家辦公室」、「居家工作室」等名詞做了一些研究，並發

現了若干有用的筆記內容。比如說，我找到了有設計工作室經驗的友人提供的建議；我與妻子熱愛的墨西哥市一家設計優美的咖啡館的照片；Zoom 線上會議的最佳打光與背景安排方式等。我也在一些大綱項目下附加了數位連結。

即使有一些現存的材料可資利用，我們的計畫仍有若干缺口。在接下來幾周，每當有了空閒時間，我都會為居家辦公室專案蒐集有用資訊。我把 Pinterest 上一些優質居家辦公室的照片儲存起來；也將音樂家友人關於隔音的經驗談寫成筆記；還擬具了一份鄰居分享的在地包商清單。我甚至在深夜狂看數十部展示居家辦公室的 YouTube 影片，並在筆記寫下影片創作者改造空房間成為實用工作空間的細節。

在管理事業和操持家計之間奔波，我們啟動車庫改造計畫後更是忙得不可開交。只要能抽出時間，我必然為最新的筆記標記重點，並且從中萃取精髓，以便日後的自己能夠一目了然。我運用了一系列「海明威橋」來串聯各個時間窗口，好確保自己能善用珍稀的時間。

這個專案的相關想法、點子、願望和夢想最終逐步實現，我們打掉了車庫的牆、在頂上開了一個天窗、拉好了高速網路線，並且重新設計後院布局，以搭配新造的居家辦公室。

我們的專案有點過度擴張，因此必須有所取捨。這時基本的做法是「縮減規模」：找出計畫裡費用過於高昂的部分，將其推遲到日後再來施作。我把相關構想搬移到數位大綱的「來日再議／未定事項」章節，以備日後再予考量。妻子和我還為專案附加了若干限制，比如說預算上限、車庫改造的完工期限等。這些限制條件有助於我們縮減專案規模，俾使其合理而且易於管理。如此，我們得以盡快接著找承

包商來完成後續的工作。

付諸實踐：盡快行動、做好事情

如果你想嘗試這個專案執行方法，最好打鐵趁熱。

挑選一個你期望推進的專案，比如說在閱讀第五章時，依我的要求建立了專屬資料夾的任一個現行專案，而且最好是較具不確定性或挑戰性的新專案。

為這個專案擬出一個數位大綱，當中應包括目標、意圖、難題和應考量事項等。然後，寫下你所思所想，接著再細讀 PARA 系統檔案夾裡相關筆記的重點摘要、範例、樣本和各項中間產物封包。這可能包括以前創建的筆記中的要點或精華，你汲取自模型或範例的靈感，或者實務上最好用的模板。

以下是你進行研究時應釐清的一些問題：

- 你能否從某本書或某篇文章的片段內容汲取一些靈感？
- 是否有網站資源能供你利用？
- 有沒有哪個專家的播客節目能幫得上忙？
- 在過去的專案資料夾裡，是否有現行專案可用的知識資產？

你可能會找到一些精簡扼要的材料，以及若干尚未精鍊的素材。這無關緊要，因為你的唯一目標是獲取一切可能有用的材料，並把它們搬到新專案資料夾集中於一處。

　　設定十五到二十分鐘的時限，看看你**只用手上的材料**，在不上網搜尋、不閱覽社群媒體、不開啟眾多瀏覽頁面的情況下，能否適時通過專案的第一關。你的首關可能是一套計畫、一項議程、一個提案、一份圖表或是若干構想的某種明確形式。

　　你可能體驗過「錯失恐懼」（Fear of Missing Out，簡稱FOMO），而致焦慮地尋覓更多資訊。然而，你無須一步**到位**。你只須創造出一個疊代的初始版本——論文的初稿、軟體的設計草圖、活動的初步規畫等。然後自問：「何種精簡的版本能讓我從他人取得實用的回饋意見？」

　　如果你無法一次完成疊代的初始版本，或可試著打造「海明威橋」作為輔助。列出一些開放性問題、待辦事項、可探索的新路徑，或能夠徵詢的人。把創造出來的東西分享給其他人，好取得實用的回饋意見，並儲存進專案資料夾的新筆記裡。你可以私底下向信任的同事徵詢意見，或是透過社群媒體公開徵求回饋，或者運用介於兩者之間的任何方法。你選擇的方法理當最令自己感到自在。

　　如果你在後續推動專案時遭逢阻力，可以嘗試運用「縮減規模」策略。先捨去最不重要的部分、把最困難的事情延後到來日處理，或是找有經驗的人來幫你應對最不熟悉的難題。

　　在整個過程裡，應確保你所學到，或是發現的事情，或任何新的中間產物封包均記錄於數位筆記上。一旦通過了第一關，你將開始注意到種種與專案息息相關的徵兆和跡象，而且你應當把它們收錄進數位筆記裡。當完成疊代的初始版本、收集到有用的回饋意見，且建立了一組有用的筆記時，你已為接下來將發生的事情做好了準備。

第 9 章

數位組織者的基本習慣

培養種種習慣能夠減輕認知的負擔,並且有益於解除心智能力的束縛,讓你得以把專注力分配到其他重任上……只要藉由這種使生活更輕鬆自在的基本工夫,你就可創造出自由思考和創意所需的心智空間。

——《原子習慣》(*Atomic Habits*)作者詹姆斯・克利爾(James Clear)

第二大腦是強化生產力**與**創造力的實用系統。

雖然生產力和創造力通常被視為互斥的能力——前者具體且定義明確,後者抽象而不拘泥於定見,但我個人認為兩者實則相得益彰。當我們有條有理且卓有效率時,發揮創意的空間會隨之擴展。只要我們對創造過程具有信心,我們就能大幅降低背景壓力,不再時時擔心方向是否正確。

借助第二大腦,我們可以在井然有序和別出心裁之間求取平衡。第二大腦正如所有系統一樣需要定期維護。你必須使這個數位知識園地持續條理分明,如此當你運用虛擬工作空間中的知識資產時,它才

能幫助你發揮生產力，而非阻撓你大展身手。

「有條有理」不是與生俱來的特性，也不只是找對工具或應用程式就能做到的事情。我們要養成習慣才能達到有條不紊，也就是說，要持之以恆地獲取、組織、萃取和善用資訊。如果我們總是不斷手忙腳亂地找尋筆記、草稿、資訊來源和集思廣益的成果，不但會浪費掉寶貴的時間，也將毀掉我們推進工作所需的動力。在 CODE 法的每個步驟中，有一些習慣能幫助我們更加有條有理，從而擴展創意發揮的空間。

「各就各位」的建立
永續生產力方法

試想一下餐廳廚師的工作。顧客對他們供應的餐飲的質與量都有極高的要求。所有食材務必要接近完美，如果配菜冷掉了，或是肉沒煮熟，整盤菜都會被退回重做，況且生意興隆的餐廳一晚可能要出數百道菜。

而知識工作者也像廚師一樣面臨著質與量之間的基本緊張關係。我們也必須手腳俐落地不斷拿出極高水平的工作成果，且須同時擅長短跑衝刺和馬拉松長跑。

對於完成令人生畏的重任，廚師有一套特殊的**各就各位**（Mise-en-Place）系統性方法。「各就各位」是按部就班供應高品質餐飲的高效方法，最初興起於十九世紀晚期的法國，目前已是全球各地餐廳普遍奉行的餐飲服務哲學。廚師不可能為了維護清潔而停下廚房的運

作，他們在**備餐的流程中**必須確保廚房潔淨，並且要保持忙而不亂。

在廚房裡，他們始終要維持一些小習慣，比如說把調羹放在固定的位置；用完刀具應當立即擦拭乾淨；將食材安排得井然有序。

體現於一套實務技巧的「各就各位」哲學與心態，就如同廚師的「外部大腦」。❶ 它讓廚師得以把思維向外延伸，並將日復一日的廚房作業自動化，使廚師能夠全然專注於發揮創意。

而身為知識工作者，各就各位的系統性方法可讓我們獲益良多。我們就像廚師一樣，必須在不確定的狀況下和有限的時間內，應對源源不絕的工作。我們也會接獲無數的回饋和要求，卻沒有太多時間去一一處理。我們只能在執行日常工作期間做好第二大腦系統的維護工作。

我們無法停下手上一切任務來重新組織數位工作環境。主管不會允許你花上一整天去做這種事情。如果為了「維護系統」而不讓顧客上門，你的事業將難以永續經營。我們不可能為了喘一口氣而讓世界暫時停擺。我們通常只會在系統失效時注意到它需要維護，而我們總是只能怪罪自己缺乏自律。

打造第二大腦不只是下載新軟體，以及在某個時點把資料組織得有條有理。它還能使系統變得有活力且能靈活變通，以及養成一系列好習慣，以持續從系統中取用所需，而不致讓它陷入混亂失序的狀態。

有了內在紀律仍不夠。我們還須遵守**外部**紀律——一套有系統的原則和行為規範——好把我們的能量、思維和情緒導引到具有建設性的方向。外在紀律體系可使我們從變動的資訊流中看出某些結構。

在本章中，我將為讀者引介日常應養成的三種習慣，有助於確保第二大腦維持運作並隨時在線。這三種習慣都能幫你釐清最優先的要務，以設定時間、空間和意圖的界限，好保護和促進我們生活中必須持守的心態。這些界限可使你明白最應專注以及該忽略的事物。對於第二大腦來說，以下三大習慣最為彌足珍貴：

- **建立專案檢查表**：確保各專案一貫地有始有終，而且善用過去的專案成果。
- **每周和每月例行檢討**：定期檢視工作與生活，並決定是否應改變任何事情。
- **關注各種行動時機**：留意編輯、強調、搬移筆記的各種時機，並讓自己未來更易於取用筆記。

你可以把這些習慣想成第二大腦的「定期維護日程」。就如同汽車需要定期保養，例如更換機油、檢查車胎及更換空氣濾清器等。第二大腦也需要定期調校，好確保運作機能。

接著，讓我們逐個探討這三大習慣。

養成建立專案檢查表的習慣：啟動「知識飛輪」的關鍵

在最基本的層次，知識工作涉及獲取資訊然後將資訊轉化為工作成果。我們日復一日消費和生產，這並不需要特殊訓練，也用不上第

二大腦。

　　無論如何，多數人忽略了回饋迴路（feedback loop）──這是一種將知識回收再利用的方法。投資人就是如此看待金錢：他們不會立刻把一次投資的獲利全都花光，而會把獲利再用於其他投資，好創造以錢滾錢的「飛輪」。

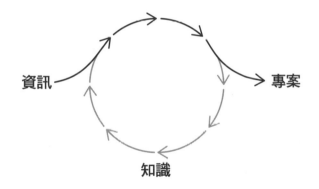

　　你就是該這樣對待專注力──把它當作一項用來投資的資產好獲取回報，然後再將回報投入其他風險投資。這是確保知識像高收益資產般增長的方法。隨著各種構想能彼此連結並相得益彰，你對專注力的投資不僅將增進知識，更將產生複利效果。

　　如果你更仔細地觀察，將可在這個知識循環再利用的過程發現兩個關鍵契機。循環的路徑會在兩個地方岔開，此時你有機會做超乎想

像的事情。

這兩個關鍵契機發生於專案啟動和結束的時刻。對於前者，你可運用專案啟動檢查表，關於後者，你可使用專案完成檢查表。

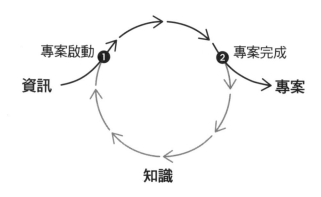

第一個檢查表：專案啟動

在班機從機場跑道起飛之前，機師會依據檢查表做一次徹頭徹尾的飛航前檢查。運用飛行前檢查表可確保他們完成一切必要的步驟，而不須仰賴不可靠的大腦。

相對來說，多數人是以「雜亂無章」的方式來啟動專案。他們或許會從既有的筆記和檔案中找尋任何相關資訊，但也可能沒有做。他們不妨向同事徵詢過往的經驗教訓，卻不一定會去做。他們可以制定一個計畫來引導進展，但未必會這樣做。他們的專案能否成功或多或少取決於機運。

我們在第五章討論過，如何使工作更加以專案為中心。我們承擔的所有目標、協作事項或任務都可被定義為專案，這可使它們具體成形，並且具有焦點和方向感。如果我們把這些專案視為專注力的最大

投資案，自然值得為它們添加一些架構，比方說擬定一份專案啟動檢查表。

以下是我製作的專案啟動檢查表：

一、**掌握**當前對於專案的想法。

二、**檢視**各資料夾是否有相關的筆記。

三、**搜尋**所有檔案夾找出有關的事項。

四、**搬移**（或附加）相關筆記到專案資料夾。

五、**創造**專案大綱和專案計畫。

一、**掌握當前對於專案的想法**。我常發現，當一個專案在腦海中開始成形時，我會有諸多關於它的構想和意見。我喜好從開啟空白筆記檔案著手，然後經由腦力激盪促進種種想法，並寫成第一份筆記，然後放進新專案的專屬資料夾。

這個第一步驟可以也應當任由它雜亂無章：我讓所有隨機的思考、可行的途徑、聯想、相關主題等傾巢而出。

以下是我進行初始的腦力激盪活動時常問的問題：

• 我已掌握哪些有關這個專案的知識？

• 我不清楚而必須弄明白哪些事情？

• 我有什麼目標和意圖？

• 我可以向誰徵詢相關洞見？

• 我能閱讀或聆聽哪些內容以獲取相關構想？

我會把對於這些問題的任何想法寫進初始的筆記裡。我偏好運用項目符號使資訊簡明扼要，讓自己方便於移動它們。

二、**檢視各資料夾是否有相關的筆記**。第二個步驟是清查現有的一切資料夾，以找出新專案相關資訊，這包括有關的範本、大綱、先前的專案未能用上的材料。這時 PARA 系統和累進式摘要法能夠真正發揮效用：我為找到的相關筆記標示重點並整理出摘要，以便需要時快速想起重中之重。我挑選出一些似乎最相關的專案檔案夾、領域檔案夾、資源檔案夾，以及資料庫檔案夾，然後迅速確認當中是否有饒富趣味的筆記，並且保持工作的動力，以確保不致陷入泥淖。此刻還不宜偏離正題，畢竟那樣只會使我分心，而難以向前推進。

三、**搜尋所有檔案夾找出有關的事項**。第三個步驟是尋找任何可能錯失的筆記。有價值的想法有時會被埋沒在意想不到的地方，而光是走馬看花難以找出它們。

此時若運用「策展人觀點」將獲得真正良好的結果，因為第二大腦裡的所有筆記內容全都經過精挑細選，我可以搜尋出格外優質的資訊，而且其中不會攙雜無關緊要的東西。

這與搜尋整個網際網路大相逕庭，全然沒有讓人分心的廣告、誤導的標題、膚淺的內容、無關宏旨的爭論。

我以新專案關鍵字進行了一系列搜尋，瀏覽了一遍搜尋結果，並且迅速地找到顯然相關的筆記內容。累進式摘要法在此也發揮了效用，使我在參閱筆記時得以拉近和拉遠視野，而無須吸收整個內容。

四、**搬移（或附加）相關筆記到專案資料夾**。第四個步驟是將前兩個步驟找出的筆記搬移到新專案的專屬檔案夾。或者，如果數位筆記軟體具有所需的功能，你也可以把相關筆記附加或連結到新專案資料夾，即不須把筆記搬離原本的資料夾。筆記的儲存位置並不重要，重要的是你專注於手上專案時，能快速地取用所需筆記內容。

五、**創造專案大綱和專案計畫**。最後步驟是把蒐集到的材料整合起來，並創造專案大綱（構想列島）。我的目標不是鬆散的構想集錦，而是能夠闡明後續行動的合乎邏輯的進展步驟。

大綱的形式將取決於專案的本質。如果是寫作論文或報告，大綱應包含最終成品的主要論點或各項標題。假若是與同事或外部包商協作的專案相關文件，大綱應包括我們致力的目標，以及各方參與者的相應責任。如果是旅遊規畫，大綱應包含行李清單和預定行程。

當你按照步驟逐項進行檢查時，重要的是應謹記你在擬定一個推動專案的計畫，**而不是在執行專案**。你理當把上述五個步驟的通關時間控制在二十到三十分鐘以內。你只須試著弄清楚第二大腦裡已有哪些材料。一旦弄清楚了，你對於需要多少通關時間、應取用哪些知識或資源，以及將遭遇什麼挑戰，會有更好的了解。

讀者們應當積極地以我的專案啟動檢查表作為起點，並隨著時間推移逐漸改造它，使其日益符合你自己的實務脈絡。相應於你的專業或行業，你可能需要更多或更少的正式手續、通關時間和相關人員。以下是一些可以納入你自己版本檢查表的選項：

- **回答「事前驗屍法」**（premortem）[*]**相關問題：**你想學會什麼？最大的不確定性來源何在？什麼是你想要解答的最重要問題？你最可能在哪個地方失利？
- **與利害關係人溝通：**向你的經理、同僚、客戶、顧客、股東和包商等說明專案的目標和重要性。
- **界定成功的標準：**需要做到什麼才能使專案成功？你至少必須達到何種程度的結果？你致力於什麼「延伸目標」（stretch goals）？
- **設定專案正式啟動時間：**規畫聯繫會議日程、編製預算和設定時間表、訂出目標確認所有人知道也同意這些資訊，並且都明白各自應盡的職責。我發現，即使是單獨的專案，這也相當管用！

第二個檢查表：專案完成

接下來，我們來探討專案完成檢查表。

對於知識工作者來說，完成專案是非常特殊的人生時刻，因為在知識工作上很難得見到事情確實完結。現代知識工作的挑戰如此艱巨，部分原因正在於，似乎所有事情都沒完沒了。這真的令人精疲力竭，難道不是嗎？我們顯然有接不完的電話和開不完的會，幾乎無暇慶祝我們明確獲得的勝利。因此，我們的專案規模不宜過大，方可時

---

[*]　實用的「事前驗屍法」可資分析專案如何失利，它類似於「事後驗屍法」，不同的是此法用於專案啟動之前。經由事先思索專案可能如何出錯，我們能夠採取預防措施，使專案壓根不致失利。

而感受到專案完成的滿足感。

我們無須侷限於慶賀專案完成，更重要的是學習日後還能增值的經驗教訓。而專案完成檢查表正是我們需要的基本工具。你可以採行檢查表的系列步驟來決定值得保存、可以再利用的知識資產，並把其他知識資產歸檔。

以下是我的專案完成檢查表：

一、在專案或工作管理軟體中**標記**專案完成。

二、**畫掉**已落實的專案目標，並將其移至「已完成」區。

三、**檢視**中間產物封包，並把它們移到其他資料夾。

四、**搬移**專案至所有平台的檔案庫。

五、**如果專案不再處於活動狀態**：在把它歸檔之前，先為專案資料夾添加一則描述現狀的筆記。

一、**在專案或工作管理軟體中標記專案完成**。這是確認專案實際終結的第一步驟。我們通常會發現還有少許事情必須收束，比如說取得最終批准、完成書面作業或是普及專案的成果。這是我們必須檢視專案或工作管理軟體的原因。這類軟體讓我們得以追蹤數位待辦清單等。*

如果所有事情都已做好，我就可以標記專案完成，並接著進行下

---

* 雖然這已超出本書討論的範圍，我在 Buildingasecondbrain.com/resources 的第二大腦資源指南，列出了一些值得推薦的、多個作業系統版本的工作管理軟體。

一步驟。

　　二、**畫掉已落實的專案目標，並將其移至「已完成」區。**每個專案通常都有相應的目標。我會在同一則數位筆記裡記錄專案所有目標，並且把它們區分成一年可完成的短期目標，和需時數年的長程目標。

　　我喜好花時間深思最初設定的目標是否進展順利。如果成功達成了目標，我會思考是哪些因素所促成。我能如何複製或倍增成功的力量？假如我沒能達成目標，那麼究竟是哪裡出了錯？我能從中學到什麼？或者我應如何改變自己，以避免未來重蹈覆轍？你思量這些問題所需時間取決於專案的規模。一個大規模專案的團隊可能需要數小時來進行深度分析，而小型的個人專案則可能只需要幾分鐘的省思時間。

　　我也偏好逐一畫掉已落實的目標，並將其移至完成區。當我需要若干動機時，我可以檢視清單，從而想起在過去的專案達成的一切有意義的目標。目標大小無關緊要。運用第二大腦盤點所有勝利與成功事蹟有很棒的效果。

　　三、**檢視中間產物封包，並把它們移到其他資料夾。**在第三個步驟，我會清查已完成的專案的資料夾，找出未來可以再利用的中間產物封包，這包括日後設計網站時可用的網頁範本、一對一績效評估的相關規畫，或是一系列訪談所提出的問題。

　　我們應把這些文件和檔案視為優質思維的明確副產品，而不是用完即丟的東西。我們日復一日的工作多半只會有微小的變化。相對於

每次都從零開始，如果你自上回停下的地方著手思考，將能遠遠超越重新起頭的結果。

　　我會把任何可用於其他專案的知識資產搬移到該專案的資料夾。對於與領域或資源相關的資訊，我也會比照辦理。這是個容許失誤的決定，所以假如你有所漏失也無傷大雅。你依然可以透過搜尋來找出檔案庫裡的所有筆記內容，因此無須擔心會錯失何東西。

　　四、搬移專案至所有平台的檔案庫。第四個步驟是把專案資料夾移至數位筆記軟體和其他平台的檔案庫，對我來說，這包含電腦的文件資料夾以及雲端硬碟。

　　這使我得以確保各項活動中的專案不會與老舊過時的專案混在一起，並可同時保存所有材料以備未來之需。

　　五、如果專案不再處於活動狀態：在把它歸檔之前，先為專案資料夾添加一則描述現狀的筆記。唯有當專案面臨取消、延後或是暫時擱置時，我們才須採取這個步驟。

　　我們應當把專案資料夾歸檔，但在此之前必須為資料夾添加一則名為「現狀」的新筆記，應寫入一些有助於日後重拾專案的按語。比如說，運用一些項目符號描述一下專案最後的執行作為、推遲或取消的原因、團隊成員、你自己扮演的角色、經驗教訓等細節。架起這個「海明威橋」使我對擱置專案具有信心，因為我確知日後可隨時重啟專案。

　　我總是在專案窒礙難行時，花點時間誠實地記錄當下的想法，而

在數月甚至數年後，我通常能夠幾乎毫不費力地重拾專案，這使我深感不可思議。明白自己可以「冷藏」一個專案，並使自己免於掛慮的煎熬，著實能夠強化自信心。清楚自己不須始終不斷地做出進展，令人感到欣慰。

以下是你可以納入專案完成檢查表的一些項目。我鼓勵讀者因應自己的需求建立個人化的檢查表：

- **回答「事前驗屍法」相關問題**：你學到了什麼？你擅長哪些事情？你可以把什麼事情做得更好？下次你能在哪些方面有所改進？
- **與利害關係人溝通**：將專案完成並把結果告知經理、同僚、客戶、顧客、股東、承包商等。
- **評估成功的標準**：是否達成了專案的各項目標？達成或未達成的原因？你的投資獲得了什麼回報？
- **正式結案並慶賀成功**：寄出最終的電郵、發票、收據、回饋表格或文件，並和團隊或協作者一起慶祝、享受大功告成的滿足感。

你第一回進行專案完成檢查時，所用時間應少於專案啟動檢查，總時間最好不要超過十到十五分鐘。由於你不確定專案的材料是否還能再派上用場，自然應當把投注的額外時間與專注力減至最低程度。你只須適度地努力，並讓未來的自己決定各項知識資產是否符合需求。如果你未來需要它們，屆時便能決定要不要進一步組織它們和萃

取當中精髓。

　　運用專案檢查表的目的不在於使工作方式有板有眼和照章行事，而是要幫助你果斷啟動和終結專案，如此才能擺脫看不到止境的「孤兒」專案。你可以把檢查表想成「鷹架」，也就是確保你的建造過程的支撐結構。鷹架最終必須拆除，而你養成的習慣將融入你的思考方法，並且成為你的第二天性。每回開始新專案時，你都會自然而然地查看第二大腦裡是否有任何可以再利用的知識資產。

培養定期回顧的習慣：
為何你應當「批次處理」筆記（以及頻率問題）

　　我們接下來要探討每周和每月重新檢視筆記的課題。

　　高階主管教練暨作家大衛・艾倫在深具影響力的《搞定》* 一書，率先提倡「每周回顧」的做法。根據他的描述，每周回顧是定期地每周進行一次複查，從而有意識地重新審視和重新啟動工作與人生。艾倫建議我們經由每周回顧，寫下任何新的待辦事項、重新檢視現行專案、決定來周的優先要務。

　　我提議再增添一個步驟：重新檢閱你上周創造的筆記，並附上言簡意賅的標題，然後把筆記放置到適合的 PARA 資料夾裡。多數的數位筆記軟體具有「收件匣」供用戶暫時存放筆記以備稍後審視。運用

---

* 　《搞定》一書的益處與個人知識管理相互輝映，它們都和我一樣秉持「把事情從腦海抹去」的觀點，來運用待辦事項清單等「可操作的」資訊。

批次處理方法，每則筆記所需時間僅數秒，整個過程只要幾分鐘就能完成。

　　讓我們深入檢視相關細節以洞悉每周與每月回顧能如何幫我們維護第二大腦，使它準備好隨時因應任何突如其來的事情。

每周回顧的範本：重啟以避免氾濫

　　以下是我的每周回顧檢查表。由於每周忙碌程度不同，我通常以三到七天來完成所有步驟。我們應著重於養成習慣，定期地清空收件匣、保持數位空間清爽，以避免自己被數量龐大的筆記壓垮，而不須執著於恪守嚴格的日程規畫。我把這個檢查表放在電腦的數位便利貼上以便輕易取用。

　　一、清空我的電郵收件匣。
　　二、檢查我的行事曆。
　　三、清理我的電腦桌面。
　　四、淨空我的筆記收件匣。
　　五、挑選出本周要務。

　　一、**清空我的電郵收件匣**。我從清空電郵收件匣裡留存的過去一周郵件來著手。在忙於優先要務期間，我通常沒時間處理這些電郵，但若是任由它們日積月累，最終將難以分辨哪些是必須處理的新郵件、哪些是過去堆積下來的舊郵件。我會把發現的任何待採取行動的項目儲存在工作管理軟體，並將獲取的任何筆記存進數位筆記軟體。

二、**檢查我的行事曆**。接下來要做的是檢查行事曆。這使我能夠綜覽一周的會議與預約行程安排。我一般也會看看過去幾周的日程表，以確認有沒有必須進行後續追蹤的事情，另外也須檢視一下未來幾周的預定行程，以確認必須做好什麼準備。

我還會把必須做的事儲存到工作管理軟體，並將獲取的任何筆記存進數位筆記軟體。

三、**清理我的電腦桌面**。然後我會清理電腦桌面上囤積的檔案。我發現，如果放任檔案積少成多，我的數位環境將雜亂無章，而致頭腦難以清晰地思考。

我會把專案、領域或資源相關的任何檔案移到電腦裡適合的 PARA 資料夾。

四、**淨空我的筆記收件匣**。在這個步驟，數位筆記軟體的收件匣裡充滿了前三個步驟的精選材料，它們分別來自電郵、行事曆和電腦桌面。另外還有一些我在前周收集到的筆記內容（每周平均五到十五則新筆記）。

此時，我會把它們全部批次處理，並且憑直覺快速地決定該把它們放到 PARA 系統的哪個資料夾，或是為它們建立新的檔案夾。筆記並沒有所謂「正確的」儲存位置，而且透過搜尋始終可以迅速地找到它們，因此我只是把它們放到我依靠直覺最先想到的地方。

你會注意到，這是「每周回顧」的各步驟裡唯一直接和數位筆記有關的步驟。這是一個瀏覽筆記收件匣的簡單且實際的過程，我會為

每則筆記加上富含資訊的標題，並把它們放到適當的 PARA 資料夾。但我不會標記重點或萃取精髓。我不試圖了解或吸收其內容，也不會顧慮它們可能牽涉的一切課題。

我只想把它們儲存起來，以備日後用其作為知識的構成單元，使自己能夠快速完成工作。這個過程提醒我在過去一周累積的知識，並確保第二大腦裡持續有新構想和洞見流進來。

五、**挑選出本周要務**。這是每周回顧的最後步驟，此時我的工作管理軟體收件匣裡會有一些任務等待處理，因此必須花幾分鐘時間把它們分類，然後放到合適的專案或領域資料夾裡。

我要從中挑選出未來一周應致力的工作。由於我已全面清理整個數位工作空間，並且考量過所有可能有用的資訊，因此能夠果斷做出決定，並滿懷自信地展開新一周的工作。

每月回顧的範本：深思以利釐清和控制

除了進行基礎且實際的「每周回顧」之外，我也建議你實行更全面且深思熟慮的「每月回顧」。這是我們評估整體局勢和思考目標、優先要務與系統是否需要根本性轉變的時機，畢竟在日復一日忙碌不停的狀態中，你可能很難有機會這麼做。

以下是我的每月回顧步驟：

一、檢討和修正各項目標。
二、審閱和更新專案清單。

三、重新檢視責任領域。

四、檢閱日後可能處理的事項。

五、重新決定各任務的優先順序。

一、**檢討和修正各項目標**。我從檢討季度和年度目標著手。我自問，「我有什麼成就？取得了哪些成果？」以及「出了什麼意料之外的狀況？從中學到了什麼教訓？」我會花一些時間畫掉已完成的目標，並新增一些剛浮現的目標，或是改變一些不再合理的目標範疇。

二、**審閱和更新專案清單**。接著我會檢閱專案清單和為它補充新資訊。這包括把已完成或取消的專案歸檔、增添新專案，或是因應各種變化來更新現行專案。

重要的是讓專案清單能適時且正確地反映出目標和優先要務，這尤其是因為專案係第二大腦的核心組織原則。當專案資料夾已經備好並等待你去善用時，你的大腦會留意並獲取最優質的構想以利推動專案。

三、**重新檢視責任領域**。下一步要做的是檢討責任領域。我會考量健康、財務、關係、家庭生活等人生重大領域，並且決定是否必須有所改變，或有必要採取什麼行動。這通常會促成新行動項目（將被放進工作管理軟體），以及新筆記（將儲存到數位筆記軟體）。

責任領域相關筆記一般包含足以萌生未來專案的構想種子。比如說，我運用「居家辦公」領域資料夾收集照片，供車庫改建為居家

辦公室一案參考。即使在車庫改造成為活動中的專案之前，我已於廣泛的居家辦公領域蒐羅了許多想法和靈感，等待著專案啟動後派上用場。

　　四、檢閱日後可能處理的事項。「日後可能處理的事項」是一個特殊的分類項目，而且我不會在可以預見的將來處理那些事情。這類事項包括「學習中文」和「種植蘭花」等。它們是某種未來夢想，雖然值得想望，但我不能讓它們妨礙當下的優先要務。我會花幾分鐘審視這些事情，以確認其中是否有任何可以有所作為的項目。比方說，當妻子與我擁有自己的房子後，我們先前想要養狗的夢想突然變得可行。我過去已經考慮過各種寵物犬（行動敏捷、低致敏、對小孩有益的），並且寫了一些筆記。而經由這個回顧步驟，我決定把這件事付諸實現。

　　五、重新決定各任務的優先順序。在完成先前的步驟、對專案和目標有了更全面的掌握後，我最後要做的是決定各項任務的優先順序。我通常會因為一個月內必須改變如此多的事情而感到驚訝，例如上個月還很關鍵的待辦事項，可能這個月就變得無關緊要，而上個月還無足輕重的事情，或許這個月就成了要緊的事。

養成關注行動時機的習慣：運用第二大腦來創造機運

　　當你開始在現實世界運用第二大腦時，將會發現養成關注時機的

習慣大有助益。有時這甚至是最重要的習慣，但也最難以預料成效。

當你留意到獲取資訊的時機就要及時行動，使你的筆記更具可操作性或更容易被發現。以下是一些相關範例：

- 關注構想可能發揮價值的時機，並適時掌握它。
- 留意那些扣人心弦的想法，把握契機，標記其重要性。
- 注意各則筆記是否能使用更好的標題——適時修改以利未來的你找到所需筆記。
- 關切各則筆記搬移或連結到另一專案或領域的時機，使其能發揮更大效用。
- 留心把兩個或更多中間產物封包合併的機會，以產生新的更大型的作品。
- 細察將不同筆記中類似內容整合的契機，讓它們集中於同一則筆記裡。
- 關注你的知識資產能幫助他人解決問題的時機，並將其分享出去，即使它可能還不完美。

筆記並不像待辦事項那樣必須急著處理。如果忽略了重要的待辦事項，後果可能不堪設想。而在我們忙碌時，則可輕鬆地暫時擱置筆記，且不至於造成負面衝擊。當然，假如你有時間每周整理筆記，那是再好不過的事。如果你沒時間這麼做，也無關緊要。我時常必須等上數周甚至一個月才有空著手清理數位筆記軟體收件匣。

關於組織筆記最常見的誤解是：組織是耗時費事的事情。多數人

似乎相信，如果能夠抽出幾天的空檔，他們最終將可把混亂無章的筆記組織得有條有理。

即使確實有極少數的人能夠抽出大量時間，我卻未曾見過有人因而把筆記整理得有條不紊。他們往往陷入細枝末節的泥淖，對於堆積如山的筆記幾乎束手無策。然後他們會因耗掉許多時間卻一籌莫展而產生負罪感。全盤重新整理數位園地根本不是一蹴可幾的事情。

有條有理固然至關緊要，但這必須在日常生活中一步一腳印、日積月累地達成。我們理當善用諸多瑣碎的時機來改善事情。

以下是關於如何掌握時機的一些更具體範例：

- 你決定下次休假時造訪哥斯大黎加，於是把「語言」資源資料夾裡有關西班牙語實用片語的筆記，搬移到「哥斯大黎加」專案資料夾，以備赴當地旅行時派上用場。
- 你的工程總監另謀高就，因此必須聘任新工程總監，於是你把「工程人才聘任」資料夾從檔案庫搬移到專案資料夾，作為尋覓新工程總監的指南。
- 你排定了一系列工作坊的日程表，並將工作坊練習清單的PDF檔從領域資料夾搬移到新的「工作坊」專案資料夾。
- 你留意到有必要購買新電腦，因為現用的電腦愈跑愈慢，於是你把「電腦研究」資源資料夾裡的相關文章，轉移到稱為「購買新電腦」的新專案資料夾。

這些都是因應優先要務與目標的變化而採取的行動，而且它們都

只需要一些時間。我們應避免做太多耗時費力的事情，因為那不但會消耗寶貴的時間和精力，更可能使我們的行動最終注定失利。

　　為數位筆記創造有效的**工作**環境，而不只是儲存空間，你將樂於流連其中。當你沉浸其中的時間愈長，勢將留意到愈多做出改變的時機。隨著時移勢轉，這個數位工作環境將日趨符合你的實質需求。借助關注時機的習慣「一邊做一邊組織」（organize as you go），你可以像專業廚師那樣透過「輕推」（small nudges）和微調來保持工作環境有條不紊。

付諸實踐：系統要實際運用才能臻於完美

　　前面講述的三大習慣——打造專案啟動和完成檢查表、每周與每月回顧、關注行動的時機——應在日常的瑣碎空檔裡快速地付諸實踐。

　　它們是以既有的活動為基礎來養成的習慣，或許我們只須為它們添加些許架構。你不須大費周章來培養這些習慣，因為那樣太不切實際，你也無須等候萬事俱備，否則甚至永遠不會跨出第一步。

　　你可用我提供的檢查表範例作為起點，來為雜亂無章且難以預料的環境增添一些可預測性。你規律地依據檢查表獲取、處理和運用數位資訊，而不須停下所有工作來試圖同時重新組織一切。

　　我要提醒大家，維護第二大腦是容許失誤的過程。即使你持續數月放任不管，第二大腦也不會像汽車引擎那樣爆炸、崩解或起火燃燒。打造第二大腦並把各種想法儲存進第二大腦，目的在於使你的知

識資產不至於受到時光流逝的不利影響。當你日後有更多時間或動機時，始終可以從第二大腦取用所需的知識資產。

更確切地說：

- 不須掌握所有的構想；第二大腦裡最好的主意始終等著你取用。
- 沒必要經常清理收件匣；如果你錯失了特定的筆記，並不會有負面後果。
- 無須嚴格地依照時間表回顧或總結各則筆記；我們不必背下筆記內容或時時將它們牢記於心。
- 在組織 PARA 系統的筆記或檔案時，我們可以輕鬆地決定它們的歸屬之處，因為透過強效的搜尋功能，我們始終能輕易地找到它們。

說真的，要求盡善盡美的系統有嚴重缺陷。我們不採用完美的系統，因為它會過於複雜而且容易出問題，當你的專注力轉移到其他地方時，系統很快就會變脆弱，以致分崩離析。

我們必須牢記，我們要打造的不是完美無瑕的知識百科全書，而是要建構有效的系統，而它同時、也必須成為我們日常生活密不可分的一部分。因此，我們理當偏好不完美、但能在現實生活中用得上的系統。

第 10 章

自我表達之道

想法總是要被分享,而且透過分享,想法會更多元異質、更饒富趣味,
並且能夠盡可能造福更多的人。
——作家暨社運人士艾德琳・瑪芮・布朗(Adrienne Maree Brown)

　　人類歷史上最常見的挑戰莫過於如何取得稀有的資訊。世上曾經很難找到真正優質的資訊,它們若不是被鎖定於難以複製的手稿裡,就是深藏在學者的腦海中。人們對資訊的取用受到種種限制,但對於多數人來說,這並不構成問題。多數人的生活與生計並不需要太多資訊,他們對世界的主要貢獻是體力勞動而不是想法。

　　直到數十年前,情況才全盤改變。轉瞬之間,人們突然被無止境的資訊流淹沒。資訊日新月異,而且透過生活中無所不在的智慧型裝置與網路,以光速傳輸給我們。

　　不僅如此,勞動的本質也煥然一新。價值從體力的產物逐漸轉變為腦力的產物。知識成為我們最重要的資產,而運用專注力的能力

成為我們最珍貴的技能。勞動工具也變得抽象與無形：構想的組成要素、洞見、論據、框架和心智模型（mental models）等。

如今，我們的挑戰不再是如何獲取更多資訊，而是找出阻擋資訊流的方法，好使我們能夠專心完成工作。而我們在改變自身與資訊的互動方式之前，首先必須改變自己的思維方式。在本章中，我們將探索這個轉變的相關課題。

超越成套工具的心態——尋求完美的應用程式

本書主要探討如何取得一套新工具來促進我們與資訊的關係。無論如何，多年來我注意到，限制人類潛能的從來不是成套工具，而是心態。

或許你是因為聽過「個人知識管理」這個新知識領域，或是需要新筆記軟體運用指南，而對本書產生興趣。也有可能吸引你的是新技能強化生產力的前景，或是系統性創造方法的魅力。

不論你追求的是什麼，所有這些途徑最終都會引領你走到同一個地方：這是一趟個人成長之旅。我們的內在自我與數位生活之間已沒有分野，形塑我們內在思維的種種信念與心態，不可避免地也會在我們的數位生活中表現出來。

我們的生產力、創造力與績效奠基在我們與資訊的基本關係之上。這個關係是在我們領會種種新體驗的教養過程中被鍛造出來，而且此關係會受到個性、學習方式、人際關係和基因的影響。你學會以特定方式與新想法互動。你以預設的「藍圖」來處理川流不息的資

訊——心中充滿了期待、畏懼、興奮感、自我懷疑，或者說百感交集。

這個對待資訊的預設心態會影響你人生的每個層面，這包括在校學習和考試、從事的工作和追求的事業。在你閱讀本書時，那個預設心態依然在悄然運作。它告訴你怎麼思考書中內容——如何詮釋、感知它，以及如何使它為你所用。

看待資訊的心態深刻地形塑我們觀看和了解世界的方式，以及我們對自身地位的認知。我們在職場能否成功，取決於我們能否更有效運用資訊，以及能否更明智、更快速且更好地思考事情。隨著社會日趨複雜化，個人知識的重要性與日俱增。思維品質已成為界定我們的身分、聲譽和生活水平的核心特點。人們不斷建議說，我們必須知道更多，方能達成目標和實現夢想。

如果我說這是錯誤的見解，你會怎麼想呢？

怕大腦做得不夠

關於達成目標，重點不在於天生的智能是否優越。你使大腦承受的負擔愈沉重，大腦愈容易過勞。你會緊張、焦慮不安，並且深感力不從心。你耗費愈多時間動腦意圖達成目標和克服難題，可用來想像、創造和享受人生的時間就愈稀少。

大腦固然有能力解決問題，但這並不是它唯一的功用。它還能夠做更多的事情。當我們把第二大腦整合進日常生活，我們看待資訊的心態將會開始轉變。我們將看見前所未知的各種關聯。商業、心理

學、科技等方面的種種想法將相互連結，從而衍生出新的洞見。藝術、哲學和歷史的經驗教訓將彼此交織，並使你頓悟世界運行之道。你將自然而然地結合種種想法，以形成新的觀點、理論和策略。你將對自己創造的絕妙系統感到不可思議，並對它帶領你發掘所需資訊的幾近神秘的方式深感驚奇。

或許就如同我最初因應健康問題著手寫筆記時那樣，你並不認為自己是作家、創造者或專家。而當你逐步看清自己的遠大抱負是由一點一滴的資訊建構而成，你將開始領會任何體驗或瞬間的洞見都可能彌足珍貴。你的恐懼、疑慮、錯誤、過失、挫敗、自我批評，都只是必須包容、處理和賦予意義的資訊。它們全都是更龐大的、不斷演進的整體的一部分。

一位名為艾米利亞的學員最近告訴我，著手打造第二大腦使她與網際網路的關係出現一百八十度的大轉變。她過去一直認為網際網路內容「聳人聽聞而且粗俗不堪」，因此絲毫不想與它扯上關係。然而，有了第二大腦之後，她隨即能夠從策展人的觀點來收藏網際網路的精華，並且對網際網路有了全新的看法。 她是經驗老到的領導力教練，並且經營一家診所，訓練領導者調理他們的神經系統，以增進自身的福祉和領導效能。想像一下，在她把網際網路視為智慧與連結的來源之後，她的專業能力將如何提升，又將多麼廣泛地造福世人。

如此引人注目的轉變是怎麼發生的？艾米利亞不必然領悟了先前不知道的新事實。她採納了新觀點、選擇從不同的角度看世界——以鑑賞的眼光看待包羅萬象的世界。我們無法始終控制種種發生在自己身上的事情，但我們可以選擇看世界的方法。這是我們創造自身經

驗的基本選擇——我們運用專注力，對自己要增長或減低哪些方面的體驗，做出取捨。

著手打造第二大腦，你的第一大腦將隨之轉變、開始適應這個科技造就的個人知識管理系統，並把它視為大腦的延伸。你的大腦將更加沉著且專注，因為它明白所有優質想法都會被儲存進第二大腦，並可在日後加以取用。我時常聽聞，人們知道擁有第二大腦可以增益一切作為之後，開始深信他們可以實現各項目標、夢想，而且能夠為世界帶來影響和改變。

給第一大腦一個新工作

與其力圖使大腦優化以管理生活中所有細枝末節，不如給予它一項新的任務：擔任你人生的「執行長」，以指揮和調度你把資訊轉化為成果的過程。也就是說，要求你的大腦把記憶的工作交接給外部的第二大腦系統，從而使大腦能夠自由地以更富有創意的方式，來吸收與整合新知識。

第二大腦始終維持開機狀態，它有完美的記憶能力，而且規模可大可小。你把愈多獲取、組織、萃取資訊的工作外包給第二大腦，便會有更多時間和精力來表達自我。

借助第二大腦系統，頭腦不會再阻礙你發揮潛能，你將能自如地駕馭資訊流，而不至於被它淹沒。你的生活將更為均衡和平靜，你可以隨時抽身離開資訊流。你將學會信任外在於你的系統。你將更加敞開心胸，更願意考慮比較非正統、更具挑戰性、尚不完善的想法，

因為你有充足的選項。你將期望能接觸更多人、聽取更多元異質的見解，而不堅持任何單一觀點。你將以策展人的立場廣納各種不同看法，並能自由地選擇對你最有利的構想和觀念。

把我們長期從事的工作委外，始終是令人難以放心的事。我們難免憂懼：「還有我們可以做的其他事情嗎？我們還有價值嗎？還有人需要我們嗎？」我們總是被教導，承擔安穩的工作勝過甘冒被人取代的風險；寧可保持低調，不要力求上進。清理我們雜亂無章的想法需要勇氣，因為沒有了這些使我們分心的想法，我們就必須直面關於未來的令人不安的問題。

我說打造第二大腦是個人成長之旅，就是基於這個道理。當你的資訊環境改變時，你的大腦運作的方式會隨著轉變。你會擺脫先前的身分認同，並且開始扮演自己人生的指揮官和管理者，而不再當人生的過客。任何身分轉變都會令人抗拒並讓人感到害怕。你不確定自己將成為什麼樣的人，也不清楚變換身分後的處境，然而，只要你在轉變過程中堅持不懈，將迎來新希望、可能性和自由。

從匱乏轉變到豐足

我們如何知道自己開始轉換到新的身分？著手打造第二大腦後，最大的轉變始於從匱乏的世界觀變換到豐足的世界觀。

我見過許多人試圖在新世界中沿襲昔日的資訊匱乏假設，依舊認為我們必須竭盡所能獲取、消費和囤積資訊。我們已習於從消費者的觀點看待資訊：愈多愈好，不須設限。抱持這種觀點使我們持續不

斷地渴求更多的資訊，而這是懼怕匱乏的一種反應。❶ 我們一向被教導，必須小心地守護資訊，因為可能有人想利用它來對付我們，或是竊取我們的構想。我們也學會價值和自尊來自於知識。

正如前面的章節所言，我們可能誤把廣泛獲取資訊當成目的。我們很容易不顧資訊對於自己的效用和益處，以致蒐集過多的內容。我們會盲目地消費資訊，把所有哏圖和社群媒體貼文，看得如同最深刻的智慧結晶那般重要。這是因為我們懼怕會錯失街談巷議的關鍵事實、想法或故事。囤積的弔詭之處在於，不論我們收集和積聚多少資訊，永遠也不會感到滿足。匱乏的觀點斷定我們已擁有的資訊不是很有價值，並強迫我們持續向外尋找內在欠缺的資訊。

我們應捨棄匱乏心態，建立豐足心態，也就是相信世界充滿了有價值和有益的事物——構想、洞見、工具、協作和機會。豐足心態揭示，到處都可能發現無比強大的知識——在社群網絡的內容裡、在我們的身體和直覺中，以及在我們的大腦裡。豐足心態也闡明，我們不須消化或理解所有或是大部分的知識，我們只需要一些智慧種子，而且我們最需要的種子往往會一再地找到我們。你不必向外尋覓洞見，只須聆聽生命反覆不斷地試圖告訴你的事情。不論我們是否喜歡，我們理當知道的事情向來會在生活中確切地浮現。現實就像是有同情心卻又不屈不撓的教師，不會迎合我們的想法。它耐心地指正我們不精確的思維、反覆地為我們的人生提供教誨。

轉換到豐足心態就是放下那些我們自認生存所需、實則不再有用的事物。這意味著捨棄那些給予我們虛假安全感的低價值工作，畢竟它們無助於我們更上層樓。我們理當放棄看似重要卻無法提升我們的

低價值資訊。我們必須放下恐懼構成的盾牌，因為它宣稱我們有必要保護自己免於他人意見的干擾，從而阻礙我們接受他人的思維禮物。

從義務轉變到服務

　　當你開始運用第二大腦來連結和創造後，會發生第二個改變，也就是從義務心態轉換到服務心態。你將從主要基於義務或迫於壓力做事，轉變成秉持服務精神做事。

　　我相信多數人內心自然而然地渴求為他人服務，比如說想要教導、訓練、幫助和對他人有所貢獻。這種回報他人的渴望是人性的基本特徵。

　　我還注意到，不少人會擱置這種渴求，等待未來有「足夠的」時間、心智頻寬、專業知識或資源，再來服務他人。然而，隨著他們找到新工作、啟動新事業、生兒育女以及應對生活各種需求，為他人提供服務似乎遙遙無期。

　　你沒有幫助他人的義務。有時你能做的只是照顧好自己。但我不時發覺，當人們運用第二大腦取得愈來愈多的知識，他們內在的服務渴求會逐漸顯露出來。面對已擁有的所有可用來服務他人的知識，他們不再有理由繼續等下去。

　　知識的目的就是與他人分享。如果無法帶給任何人正面的影響，那麼知識有什麼意義？我們不應像積聚金幣那樣囤積知識。知識是獨一無二的資源，它的價值會隨著數量增長而提升。如果我把關於健康、財務、商業或靈性的新想法分享出去，這些知識對於我自己的價

值並不會減損，反而會更有價值！我們可以從而相互理解、彼此合作、分享我們運用知識的進展。隨著智慧種子播散開來，知識會變得更加強大。

世上有些問題唯有你有能力去解決，這可能是貧窮、不公正、犯罪等社會問題，或是分配不均、教育經費短缺、勞工權益受損等經濟問題，或是人才流失、企業文化、業績成長等組織問題，或是產品、服務、專業能否幫人們溝通、學習、提升工作效率的問題。正如瑞德・卡洛（Ryder Carroll）的著作《子彈思考整理術》（*The Bullet Journal Method*）所言，「你的獨特觀點或可補綴人類襤褸織物的某些微小破洞。」

有些人唯有你才能觸及他們，比如說只有你能提供指引的人、僅有你能幫他們找到問題解決方法的人。你可以把父母、老師、啟蒙者此生對你的教誨分享給他人。只要透過話語，你就能為周遭的人們開啟不可思議的新視野之窗。

你的第二大腦可支援你落實目標，也能用來支持他人實現夢想。你擁有回報他人所需的一切，而且能夠成為世界的一股良善力量。知識可以推動這一切，而打造了第二大腦的你坐擁豐足的知識。

從消費轉變到創造

打造第二大腦遠超越獲取事實、推導理論、匯集輿論，就其核心來說，這還涉及培養自我意識和自我認知。當你遇上引發共鳴的想法，實際上是這個思維反映出你內在心智已形成的某種念頭。所有外

來的想法就像鏡子一般，顯現出我們的心靈想要訴說的真相和故事。

英國籍匈牙利裔哲學家邁克・博藍尼（Michael Polanyi）一九六六年的著作＊提出了著名的「博藍尼悖論」，大意是說：「我們懂的事情，比我們能表達出來的更多。」

根據博藍尼的觀察，人類可以輕鬆地做許多事情，但無法充分地加以解釋，比方說駕駛汽車或是辨識人臉。我們可以試著描述自己如何做這些事情，但始終難以做出詳盡的解說。這是因為我們仰賴不言而喻的**內隱知識**（tacit knowledge），也就是不可能巨細靡遺地闡明的知識。我們擁有那樣的知識，但它存在於我們的潛意識和內隱的「肌肉記憶」（muscle memory）裡，而我們無法用語言表達這些知識。

這個「不自知」（self-ignorance）的問題一直是發展人工智慧（AI）和其他電腦系統的一大障礙。由於我們無法說明自己如何掌握內隱知識，因此無法把它寫成軟體程式。

對於電腦科學家來說，這是某種詛咒，但對我們來說則是一種祝福。因為內隱知識是人類勝過機器的最後領域。仰賴內隱知識的工作自動化將來得最晚。

在打造第二大腦時，你會蒐集許多事實和數據，但這些只是達成目的的手段：用來發現內在的內隱知識。你需要外部工具來發掘這些知識，並使它們進入你的自覺意識。如果我們知道的比我們能表達的更多，那麼我們需要一個系統來不斷地卸載這龐大的知識資產。

＊　《內隱維度》（*The Tacit Dimension*），邁克・博藍尼的著作。

你知道世界運作之道，但無法以言語充分地表達出來。你的深層直覺了解人性本質。你洞察其他人或機器難以看清的模式和關聯。人生歷練使你擁有獨特的看待世界的觀點，從而讓你能夠察覺事實，並對自己和其他人帶來深刻的正面影響。

我們向來被告知要忠於自己、追隨內心最深處的渴求，然而如果我們不清楚人生目的，或是自己的想望或目標，又該怎麼辦？假如我們沒有自知之明，便不可能實現自我導向（Self-direction）學習。倘若你不了解自己，又怎能懂得自己想要什麼？認識自己似乎是令人費解的過程，然而我認為這是極其切實可行的事情。我們可以從關注種種觸動自己心弦的事物來著手。要時時留意那些召喚你的心靈、使你感覺似曾相識的外在世界事物。你的內在存有一個充滿思維和點子的小宇宙。隨著歲月推移，你將能逐漸發掘自我身分的新層次和新面向。探索外在世界也同時是在探索自己的內在小宇宙，你將明白在外部世界發現的一切，始終是你自身的一部分。

自我表達是我們的基本需求

我已在第一章講述了自己令群醫難解的健康狀況，以及這如何促使我開始打造第二大腦。在那趟旅程中，我經歷了接連數年的人生最低潮時期。我幾乎找遍了所有可行的現代醫療方法。醫師們診斷不出我的身體有任何毛病，並提醒我必定是頭腦方面出了問題。我的疼痛日趨嚴重，每天睡醒後總是感到脖子緊繃，彷彿有人緊緊掐住我的喉嚨。

　　我日漸被疼痛感吞噬，並開始疏遠我的朋友，逐步退出社交圈。身體的疼痛使我無法好好與人對話。我愈來愈習於獨處和上網，畢竟在線上我不用開口就能與人溝通和彼此聯繫。我逐漸陷入沮喪和絕望的境地，對人生的看法愈來愈灰暗。有一陣子，我覺得自己的未來黯淡無光。我漸漸無法說話，怎麼去結交朋友或約會？礙於難以預料的長期身體疼痛，我能夠從事什麼工作？症狀持續惡化又找不到解方，我的未來還有什麼希望？

　　就在這時，我發現了兩件事情，從而改變和拯救了自己的人生。我的第一個發現是冥想和正念。冥想使我領悟了前所未知的整個靈性與內省領域。我驚訝地發現，我的思維並不等同於我，它們是我的潛意識在背景裡喋喋不休，而我可以選擇是否「相信」這些心靈絮語。冥想比醫生的任何處方箋更有效地緩解了我的症狀。疼痛成了我的良師益友，它教導我應專注於哪些需要我留意的事情。

　　由於在冥想中有了極具啟發性的深刻體驗，我很想把所學分享給其他人。這促成了我的第二大發現：為大眾寫作。* 我創設了一個部落格，首篇貼文是關於在北加州一次「內觀禪修」（Vipassana meditation）的心得。當時我說話困難，因此遁入寫作的天地。透過部落格，我得以分享自己想做的任何事情，並且可以巨細靡遺地講述它們。我擁有了毫不受限地表達自我的能力。

　　經由這個寫作經驗，我發現了自我表達是人類的一個基本需求。

---

*　大衛‧普瑞爾（David Perell）使我懂得要珍視為大眾寫作的無比力量。普瑞爾透過「書寫歷程」（Write of Passage）這個線上寫作學校教導學員為大眾寫作的方法。你可以在此網址 writeofpassage.school 獲得更多相關資訊。

它就像食物或擋風遮雨的處所一樣，是我們生存的關鍵要項。我們必須有能力分享人生故事——從學校發生的小事到我們關於生命的宏大理論。

付諸實踐：分享的勇氣

許多人與我分享了他們的故事，其中泰半美好、動人且具有強大的力量。他們的獨特經驗揭示了深沉的智慧，然而他們幾乎總是低估自身的經驗與故事，而且對於分享有所遲疑。我要提醒讀者，沒有理由對分享猶豫不決。世人渴望聆聽你的經驗和故事，藉由分享你可以改變他們的人生。

挺身分享訊息是需要勇氣與脆弱性的事情。你必須不追隨風向、拒絕緘默、從恐懼的陰影中走出來。找到自己的聲音並說出真相是自我價值的極致表現：我能夠表達自我、我有話要說、我要你們撥出時間注意聽我說話。

你說的話不會總是引發聽者的共鳴，也不可能始終對他們具有價值，但是偶爾還是能夠使人大吃一驚，發現某種觀點或觀察方式，從而改變他們對世界的看法。你的分享對象可以是共飲咖啡的人、委託人或顧客，或是線上的追隨者。當你分享時，你在人與人的鴻溝之間搭起了橋梁。你會深深感受到彼此之間團結一心。我們都是龐大而破舊的人類整體結構的一部分，而個體的最高使命純粹是善盡一己之責。

有了第二大腦的力量作為後盾，你可以成就所願並轉變為你想成

為的人。一切都只是資訊，而你是資訊流的主宰，能夠形塑它來創造出你所渴求的未來。

結語：你辦得到

打造第二大腦並沒有獨一無二的法門。你的系統在別人看來可能雜亂無章，但只要它能讓你愉悅地取得進展，就是適合你的系統。

你可以從一個專案著手，然後隨著技能提升逐步擴展到更具壯志雄心或更複雜的專案。你也可能發現自己以料想不到的方式運用第二大腦。

當你的需求改變時，無拘無束地依據對你有無用處，來取用或捨棄第二大腦的任何組成部分。不要受「全部接納或全都拒斥、不容討價還價」的意識形態束縛。對於第二大腦任何不合理，或是不能引發共鳴的部分，你大可棄之不顧。你可以因應自身的需求，混合或搭配使用你從本書學會的任何工具與技巧。這樣才能確保第二大腦成為你終身的良朋益友。

不論你此刻正在進行做筆記的相關練習，或正找尋更有效的組織最佳構想、產生更具原創性和衝擊性作品的方法，你始終可以回顧一下 CODE 法的四大步驟：

- 儲存引發共鳴的資訊（C 獲取）
- 著眼於可操作性（O 組織）
- 找出精髓（D 萃取）

• 秀出你的成果（E 表達）

　　如果你在任何地方感到茫無頭緒，大可退一步、專注於當下必要的事情：你最重要的專案和優先要務。你可以把規模縮小到只涵蓋當前推進優先要務所需的筆記。與其試圖從零開始打造整個第二大腦系統，不如專注地一次一個專案按部就班進行。這麼做的話，你將發現各步驟比你所想像更加容易且更為靈活。

　　你也能藉由只專注於某一個特定建造階段來簡化事情。想一想你當前的進度，以及指日可待的未來將走到哪一步：

• 你期望能記住更多資訊嗎？你理當依據專案、承擔的責任和興趣，專注地運用 PARA 系統來獲取和組織筆記。

• 你希望連結各種想法並發展能力以利規畫人生、影響他人和自我成長嗎？你應持續用累進式摘要實驗萃取與精鍊筆記的方法，並且在每周回顧時重新審視它們。

• 你想在較少壓力與挫折的情況下產生質量俱佳的成果嗎？你當專注於一次僅創造一個中間產物封包，並找出機會用更富想像力的方式分享它們。

　　以下是十二個啟動第二大腦的實用步驟。它們都可以作為你培養個人知識管理習慣的起點：

　　一、**決定你要獲取的資訊**。把第二大腦想像成私密的手札或日

誌。你最想要獲取、學習、探索或分享什麼？確認兩到三種你覺得有價值的內容，好著手打造你的第二大腦。

二、**選擇你中意的數位筆記軟體。**如果你沒有慣用的數位筆記軟體，那麼現在就選一個來用吧。你可以參考第三章和運用 Buildingasecondbrain.com/resources 的免費指南。

三、**選用一項內容獲取工具。**我建議讀者從「稍後閱讀」軟體著手，儲存任何你感興趣、想留待日後閱讀的網路文章或其他線上內容。請相信我，這類軟體將永久改變你對於吸收網路內容的看法。

四、**設定 PARA 系統。**設置 PARA 的專案、領域、資源、檔案庫四大項資料夾，並著眼於可操作性來為現行專案建立專屬檔案夾。從這個關鍵點開始專注地擷取現行專案相關的筆記。

五、**從你最喜愛的十二道問題獲得啟發。**列出一份你最喜好的問題清單，將它存在筆記裡，並隨時檢視它，以助你構思要獲取什麼知識。運用你最愛的十二個開放式問題來過濾和決定什麼內容值得保存。

六、**自動取得電子書要點。**整合你的電子書閱讀軟體與數位筆記軟體，使你在電子書上標記的重點，自動同步到數位筆記裡（你可以參考我在 Buildingasecondbrain.com/resources 中的建議）。

七、**練習累進式摘要法。**拿一些現行專案相關筆記來練習累進式摘要法，並運用多層次強調技巧來了解它會如何影響你與筆記互動的方式。

八、**僅用一種中間產物封包來做實驗。**選出一個較不明確、雜亂無章或者有難度的專案，並且只借助一**種**知識資產來推動它。此中間

產物封包可以是商務提案、圖表、某場活動的演出，或是會議的關鍵議題。將專案拆解成數個較小部分，對其中一部分進行第一輪試驗，並把結果與至少一人分享，以取得回饋意見。

九、**在一個可達成的目標上取得進展**。選擇一個可達標的專案，並運用「構想列島」、「海明威橋」、「縮減規模」這三大表達技巧，好觀察你能否只取用第二大腦裡的筆記而成功交付結果。

十、**規畫每周回顧時間表**。在時程表上安排每周一次的自我檢討，以培養每周回顧的習慣。從清理筆記收件匣著手，並敲定當周的優先要務，然後隨著信心增長添加其他步驟。

十一、**評估自己做筆記的熟練程度**。評量你當前寫筆記的成效，並用 Buildingasecondbrain.com/quiz 的免費評測工具來找出必須改進的地方。

十二、**參加個人知識管理社群**。在推特、領英（LinkedIn）、Substack、Medium 或其他平台上追蹤和訂閱意見領袖的貼文，並加入那些發布個人知識管理、第二大腦、思想工具相關內容的社群。你也可以把本書最精要的內容或你領會和發現的要旨分享出去。與已有相關知識的人為伍，是最有效益的求知方法。

打造第二大腦是一項專案——你可以在一段合理的時間內完成它。而使用第二大腦則是終生的事情。我建議你未來持續複習本書，而且我可以保證你將領會到第一次閱讀時沒能理解的內容。

不論你正專注於執行 CODE 法的某個要項，或是正全心投入整個過程，或是正在做介於兩者之間的事情，你都是在為自己與資訊建

立新關係。你同時也是在發展你與自己的專注力和活力的新關係，以及投入到新的身分以駕馭資訊流。

當你踏上個人知識管理的終生學習路途，請記得你先前已獲致的成就。你已學會了一些前所未知的實務，它們如今已成為你整個人生的一部分。有些習慣和技能似乎不易養成和精通，但現時你的生活已無法沒有它們。你曾認為自己永難接納的一些新科技，當下已成為你日常慣用的科技。你最終將覺得，那些曾經令你感到陌生和疏離的事物，全然是自然而然的存在。

最後我要建議你追逐令自己精神為之一振的事物。當一個故事、構想或新的可能性讓你著迷不已，切莫若無其事地任憑它隨風而逝。這些時刻著實無比珍貴，而且沒有科技能為你製造這樣的契機。帶著你擁有的一切去追求使你癡迷的事物吧。

只是一定要沿路寫筆記。

加值章節

創造有效標記系統的方法

我寫作本書旨在教導讀者思考切身相關知識的新方法。全書的設計要義在指引你踏上創建第二大腦的路徑，以及帶領你走進個人知識管理引人入勝的園地，以助你從中獲益。

這個過程從頭到尾都和寫筆記息息相關，當中包括獲取、組織、萃取和表達資訊、構想與中間產物封包。書中講述 CODE 法特定技巧的章節是最佳的著手起點。無論如何，我最常被問到的問題都是關於標記重點的先進技能。

我編寫了一個額外章節，揭示如何依循可操作性原則，來為第二大腦創造有效的標記系統。雖然這不是著手打造第二大腦的基本步驟，但標記法可為知識管理增添額外的層面，當個人知識園地收藏與日俱增時能夠派上用場。

你可以在 Buildingasecondbrain.com/bonuschapter 下載這個加值章節。

附加的資源和指導方針

　　科技始終日新月異,隨著新平台現身,將會演化出最佳實作方法。我創造了一份第二大腦資源指南,且將持續更新各推薦事項,當中涉及最佳筆記應用程式、資訊獲取工具和其他實用的軟體、常見問答集、建言與指導方針等,有助於你在個人知識管理上戰無不勝。你可以在 https://www.buildingasecondbrain.com/resources 找到這些資源。

致謝

在本書的手稿截稿之後,我持續數周坐在尋常寫作的地方,卻竭盡所能地拖延這篇致謝詞的書寫,因為我覺得這幾乎是不可能的任務。

對本書有所奉獻和促成了此書的人數不勝數。我深深感謝他們付出的愛、精力與智慧,但很難用文字來傳達我的感激之情。然而,我必須盡力而為。

首先要感謝史黛法尼·希區考克(Stephanie Hitchcock)和心房圖書出版社(Atria)的團隊,包容首次寫書的我、為我的新穎構想甘冒風險。因為你們洞悉了我的寫作計畫的潛能而且全力以赴使其實現,本書才得以誕生。我對此書編輯珍妮·高斯坦(Janet Goldstein)感激不盡,她在書中遣詞用字上惠我良多,甚至對我本人也是如此,這使得本書要傳達的訊息更加明確,也更為雅致。感謝經紀人麗莎·狄莫納(Lisa DiMona)在這個專案執行初期親切地引導我。期望未來能繼續與她合作。

我也要向佛特實驗室團隊與相關人員致謝,這包括貝特尼·史旺哈特(Betheny Swinehart)、威爾·曼儂(Will Mannon)、莫妮卡·

瑞塞維（Monica Rysavy）、馬克·柯寧（Marc Koenig）、史蒂芬·禪（Steven Zen）、貝卡·歐拉森（Becca Olason）和茱莉亞·薩賽納（Julia Saxena）。你們在整個過程提供幕後協助，幫我克服了諸多挑戰，使我得以用嶄新的方式向世人分享我的想法。我始終對你們力求卓越表現感到無比驚喜。你們熱中於為人們的生活帶來持久的正向改變，總是令我印象深刻。我滿心期待我們未來將共同造就的一切。

我對比利·布羅亞斯（Billy Broas）的謝意筆墨難以形容，你幫我找到了傳達真實想法的更強效方法。我還要向瑪雅·林（Maya P. Lim）致以謝忱，妳在本書視覺上的設計使本書得以傳播到世界各角落。我也感謝筆名（Pen Name）團隊與我建立夥伴關係，幫我廣泛分享這部傾注畢生心血的著作。

我的「專業智囊團」（brain trust）對我的事業和人生助益良多。如果沒有你們堅定不移的支持，我的成果將難以具有這般豐富的意義和趣味。與大衛（David）並肩建立事業和發展想法，是我的職涯裡最有意義的事情。約爾（Joel）對我來說，就像是狂風驟雨中屹立不搖的磐石。我已記不清在你家裡吃過多少晚餐，那些經驗成為我感到萬念俱灰時的一股穩定力量。拉菲爾（Raphael）為我的課程構思名稱並想出本書書名。每當我過度嚴肅時，你總是為我帶來歡笑和喜悅。戴瑞克（Derick）與我在青少年時期關於科技與未來的深夜對話開啟了本書寫作歷程。感謝你容納和鼓勵我遙不可及的想法，其中一部分經歷歲月洗滌之後成了本書的寫作素材。

我有過許多對我的人生歷程影響深遠的導師和顧問。感謝文卡泰希·拉奧（Venkatesh Rao）引領我進入充滿奇思妙想的網路世界。你

的公開支持和鼓勵長年驅使我勇往直前。謝謝個人生產力領域先驅大衛・艾倫（David Allen）帶領我發現，我們有可能前瞻地改善資訊管理與運用方法。你的想法對我影響深遠且惠我良多。

感謝凱西・費倫（Kathy Phelan）不但相信我會拿出重要成果，還在企業教育訓練方面對我提供幫助與建言。妳對我的信任、建議與教誨多年來令我受益匪淺。謝謝詹姆斯・克利爾（James Clear）在我面臨寫作陷阱與盲點時，慷慨地撥出時間惠予指導。在世人爭相吸引你的注意時，你選擇了我這個初試啼聲的作家，而我幾乎無以回報恩情。喬・哈德森（Joe Hudson）在我學習新等級的自我表達方法時給予指導與友誼，令我感激不盡。我也要向斯里尼・拉奧（Srini Rao）致謝，你全心全意地支持我，甚至願意承擔風險為我賭上自己的聲譽。

感謝佛特實驗室的追隨者、訂戶、顧客和學員，你們為「打造第二大腦」社群提供了動力來源，使得這個社群得以蓬勃發展。本書的精華包含了多年來我從你們學到的各種故事、策略與技巧。關於什麼行得通什麼不管用，你們是最終權威。你們來上我的課、閱讀我的著作、給予我各式各樣的回饋，從而為第二大腦的未來普及開啟了門徑。我期待更多人對我的努力產生信心。我每天都感受到大家的支持與關注，這就像是一個奇蹟。

我的一切最終要歸功於我的家人。他們是我的沃土與磐石，是我的人生意義與喜悅的泉源。感謝我的父母韋恩・佛特（Wayne Forte）和瓦雷莉亞・瓦桑・佛特（Valeria Vassão Forte），在你們的養育下，我體驗過無數豐富了我的人生的文化、所在和人。在坦誠、有味地自

我表達，以及善盡人父、人夫和公民職責等方面，父親始終是我的模範。母親的耐心、寬宏大量、仁慈與自覺，助益我平衡了傾向固執己見和尖酸刻薄的個性。你們的奉獻造就了如今豐足且懂得分享的我。你們簡明扼要的實用教誨是這本書裡許多內容的根源。我還要感謝我的兄弟姊妹和姻親盧卡斯（Lucas）、帕洛瑪（Paloma）、馬可（Marco）、凱特琳（Kaitlyn）及葛蘭特（Grant）。你們是我最好的朋友、知己和人生夥伴。每當我看不清自己的歸屬和找不到生活重心時，你們總能帶領我回歸初心。我珍視自己與你們共度的所有時光。

最後，我衷心感謝妻子蘿倫（Lauren）和兒子開歐（Caio）使一切有了價值。蘿倫在我的人生中同時扮演了伴侶、情人、公司共同創辦人、教練、顧問、妻子和孩子母親等角色。妳成為我需要妳成為的人，學會我要求妳具備的技能，並伴隨我探索一個接一個的新領域，全力協助我落實夢想。看著妳成長茁壯、演進成為我所知最名副其實、最能啟發人心、心胸最開闊的人，令我對人生感到心滿意足。與妳攜手走向妳人生最美好的境界是我至高的榮幸。我們剛出生不久的兒子開歐，使我在生活中堅持不懈。開歐使我的人生多采多姿且充滿了歡笑。我對開歐的愛令我決心竭盡所能成為更好的人。我對本書最大的期望在於讓開歐身處的世界變得更安全、更具人性且更饒富趣味。

註解

　　假如我在書中的敘述有不正確的地方──不管是弄錯某個構想的原始發想者，或是沒有歸功於某位應得到讚譽的人──請透過 hello@fortelabs.co 這個郵址與我聯繫，我會盡快更正所犯錯誤。除了以下的各項註解之外，你也可以在 Buildingasecondbrain.com/endnotes 找到更新過的完整尾註與修正過的內容。

第一章：追本溯源

1　艾瑞克‧布林優夫森（Erik Brynjolfsson）與安德魯‧麥克費（Andrew McAfee）合著的《第二次機器時代：智慧科技如何改變人類的工作、經濟與未來？》（*The Second Machine Age: Work, Progress, and Prosperity in a Time of Brilliant Technologies*〔New York: W. W. Norton & Company, 2014, Amazon Kindle Location 1990 of 5689〕）。

第二章：第二大腦是什麼？

1　尼克‧比爾頓（Nick Bilton）二〇〇九年十二月九日發表於《紐約時報》的文章〈美國人每日吸收的資訊量，三百四十億位元組的數位資料〉（Part of the Daily American Diet, 34 Gigabytes of Data）。連結網址https://www.nytimes.com/2009/12/10/technology/10data.html。

2　丹尼爾‧列維廷（Daniel J. Levitin）二〇一四年八月九日發表於《紐約時報》的文章〈按下大腦的重啟鍵〉（Hit the Reset Button in Your Brain）。連結網址https://www.nytimes.com/2014/08/10/opinion/sunday/hit-the-reset-button-in-your-brain.html?smprod=nytcore-iphone&smid=nytcore-iphone-share。

3　微軟公司《創新者的現代筆記指南：企業駕馭數位革命的方法》（*The*

Innovator's Guide to Modern Note Taking：*How businesses can harness the digital revolution*）。連結網址https://info.microsoft.com/rs/157-GQE-382/images/EN-US%2017034_MSFT_WWSurfaceModernNoteTaking_ebookRefresh_R2.pdf。

4　美國國際數據資訊公司（IDC Corporate USA）《知識商數：以搜尋與內容分析法發掘資訊潛藏的價值》（*The Knowledge Quotient: Unlocking the Hidden Value of Information Using Search and Content Analytics*）。連結網址http://pages.coveo.com/rs/coveo/images/IDC-Coveo-white-paper-248821.pdf。

5　羅伯・丹屯（Robert Darnton）的著作《閱讀的未來》（*The Case for Books: Past, Present, and Future*〔New York: PublicAffairs, 2009〕），第224頁。

6　克雷格・莫德（Craig Mod）二〇一一年六月發表於craigmod.com的〈後人工製品書籍與出版〉（Post-Artifact Books and Publishing）。連結網址https://craigmod.com/journal/post_artifact/。

7　這包括保羅・奧特萊（Paul Otlet）、萬尼瓦爾・布希（Vannevar Bush）、道格・恩格爾巴特（Doug Engelbart）、泰德・尼爾森（Ted Nelson）和艾倫・凱（Alan Kay）等諸多創新者。

第三章：第二大腦如何運作

1　維基百科〈核酸的分子結構：去氧核糖核酸的結構〉（Molecular Structure of Nucleic Acids：A Structure for Deoxyribose Nucleic Acid），取用時間為二〇二一年十月十三日，連結網址https://en.wikipedia.org/wiki/Molecular_Structure_of_Nucleic_Acids:_A_Structure_for_Deoxyribose_Nucleic_Acid。

2　黛博拉・錢伯斯（Deborah Chambers）和丹尼爾・瑞斯伯格（Daniel Reisberg）一九八五年發表於《實驗心理學期刊：人類認知與表現》（*Journal of Experimental Psychology：Human Perception and Performance*）第十一卷第三期的〈心智圖像真的模稜兩可嗎？〉（Can mental images be ambiguous？）論文，第317到328頁。連結網址https://doi.org/10.1037/0096-1523.11.3.317。

3　南希・科弗・安德里亞森（Nancy C. Andreasen）在《大西洋》二〇一

四年七月與八月號發表的〈創意大腦的秘密〉（Secrets of the Creative Brain）。連結網址https://www.theatlantic.com/magazine/archive/2014/07/secrets-of-the-creative-brain/372299/。

4　維基百科〈近因偏差〉（Recency Bias），取用日期二〇二一年十月十三日，連結網址https://en.wikipedia.org/wiki/Recency_bias。

5　羅伯‧席勒（Robert J. Shiller）二〇一五年五月二十二日發表於《紐約時報》的文章〈大學生領先電腦一步的學習指南〉（*What to Learn in College to Stay One Step Ahead of Computers*）。連結網址https://www.nytimes.com/2015/05/24/upshot/what-to-learn-in-college-to-stay-one-step-ahead-of-computers.html?smprod=nytcore-iphone&smid=nytcore-iphone-share。

6　說服與銷售逐漸成為幾乎所有工作的基本要務，請參閱丹尼爾‧平克（Daniel Pink）《未來在等待的銷售人才》（*To Sell Is Human: The Surprising Truth About Moving Others*〔New York: Penguin Group, 2012〕），第6頁。

7　提摩西‧費里斯（Tim Ferriss）的著作《人生勝利聖經：向一百位世界強者學習健康、財富和人生智慧》（*Tools of Titans: The Tactics, Routines, and Habits of Billionaires, Icons, and World-Class Performers*〔New York: HarperCollins, 2017〕），第421頁。

8　這些故事都有真憑實據，不過我換掉了故事人物的名字，以保護他們的隱私權。

9　埃爾溫‧拉斐爾‧麥克馬納斯（Erwin Raphael McManus）所著《匠心獨運：把人生打造成藝術品》（暫譯，*The Artisan Soul: Crafting Your Life into a Work of Art*〔New York: HarperCollins, 2014〕），第171頁。

第四章：獲取——儲存引發共鳴的資訊

1　維基百科〈泰勒絲〉（Taylor Swift），取用日期二〇二一年十月十三日，連結網址https://en.wikipedia.org/wiki/Taylor_Swift。

2　YouTube頻道Swiftstyles II二〇二〇年七月二十七日發布的影片〈寫歌天才泰勒絲的十三分鐘〉（Taylor Swift being a songwriting genius for 13 minutes），十三分五十二秒起。連結網址https://www.youtube.com/

watch?v=bLHQatwwyWA。

3 《新音樂快遞》（*NME*）雜誌網站二〇一五年十月九日發布的YouTube影片〈泰勒絲——我如何寫出《空格》這首熱門歌曲〉（Taylor Swift—How I Wrote My Massive Hit 'Blank Space'），三分五十八秒起。連結網址https://www.youtube.com/watch?v=8bYUDY4lmls。

4 吉安—卡洛・羅塔（Gian-Carlo Rota）的著作《輕率的想法》（暫譯，*Indiscrete Thoughts*〔Boston: Birkhäuser Boston, 1997〕），第202頁。

5 詹姆斯・格雷克（James Gleick）所著《費曼傳：一千年才出一個的科學鬼才》（*Genius: The Life and Science of Richard Feynman*〔New York: Open Road Media, 2011〕），第226頁。

6 雷蒙・尼克森（Raymond S. Nickerson）發表於一九九八年六月《一般心理學評論》（*Review of General Psychology*）第二卷第二期的文章〈確認偏誤：一個無所不在的現象的多重偽裝〉（Confirmation Bias: A Ubiquitous Phenomenon in Many Guises），第175頁到220頁。連結網址https://journals.sagepub.com/doi/10.1037/1089-2680.2.2.175。

7 瑪莉安・弗萊伯格（Marianne Freiberger）二〇一五年三月二十四日發表於《Plus雜誌》（*Plus Magazine*）的文章〈資訊是驚奇〉（Information is surprise）。連結網址https://plus.maths.org/content/information-surprise

8 達契爾・克特納（Dacher Keltner）與保羅・艾克曼（Paul Ekman）二〇一五年七月三日發表於《紐約時報》的文章〈「腦筋急轉彎」的科學〉（The Science of 'Inside Out'）。連結網址https://www.nytimes.com/2015/07/05/opinion/sunday/the-science-of-inside-out.html。

9 斯蒂芬・溫德爾（Stephen Wendel）的著作《行為改變科學的實務設計——活用心理學與行為經濟學》（*Designing for Behavior Change: Applying Psychology and Behavioral Economics.*〔Sebastopol, CA: O'Reilly Media, 2013〕）。

10 札克里・羅斯納（Zachary A. Rosner）等人合寫、發表於二〇一三年七月與八月號《皮質》（*Cortex*）第四十九卷第七期的文章〈生成效應：記

憶編碼過程廣大神經迴路的活化〉（The Generation Effect: Activating Broad Neural Circuits During Memory Encoding），第1901到1909頁。連結網址 https://doi.org/10.1016/j.cortex.2012.09.009。

11　詹姆斯・潘尼貝克（James W. Pennebaker）發表於一九九七年五月《心理科學》（*Psychological Science*）第八卷第三期的文章〈書寫情感經驗作為一種療程〉（Writing about Emotional Experiences as a Therapeutic Process），第162頁到166頁。

第五章：組織──著眼於可操作性

1　崔拉・夏普（Twyla Tharp）的著作《創意是一種習慣》（*The Creative Habit: Learn It and Use It For Life*〔New York: Simon & Schuster, 2003〕），第80頁。

2　瓊恩・麥爾斯─李維（Joan Meyers-Levy）和朱瑞（音譯，Rui Zhu）發表於二○○七年《消費者研究期刊》（*Journal of Consumer Research*）第三十四卷第二期的文章〈天花板高度的影響：對資訊處理形態的促發效應〉（The Influence of Ceiling Height: The Effect of Priming on the Type of Processing That People Use），第174頁到186頁。連結網址https://doi.org/10.1086/519146。

3　亞當・戴維森（Adam Davidson）二○一五年五月五日發表於《紐約時報雜誌》（*New York Times Magazine*）的文章〈好萊塢關於未來工作的教誨〉（What Hollywood Can Teach Us About the Future of Work）。

第六章：萃取──找出精髓

1　〈法蘭西斯・福特・柯波拉的教父筆記本〉（Inside Francis Ford Coppola's Godfather Notebook），連結網址https://www.hollywoodreporter.com/news/general-news/inside-francis-ford-coppolas-godfather-notebook-never-before-seen-photos-handwritten-notes-9473-947312/。

2　美國電影學院（AFI）的百年百大電影十周年紀念版本。

3　《法蘭西斯・柯波拉的札記》（*Francis Coppola's Notebook*），連結網址

https://www.imdb.com/title/tt0881915/。

4　傑西・懷斯（Jess Wise）二〇一〇年三月十三日發表於《今日心理學》（*Psychology Today*）的文章〈大腦如何凝止時間〉（How the Brain Stops Time）。連結網址https://www.psychologytoday.com/us/blog/extreme-fear/201003/how-the-brain-stops-time。

5　梅根・泰普納（Meghan Telpner）烹飪營養學院（Academy of Culinary Nutrition）部落格網址https://www.culinarynutrition.com/blog/。

6　藝術工廠（Artyfactory）網站文章〈畢卡索藝術作品裡的動物〉（*Animals in Art—Pablo Picasso*），二〇二二年一月二十七日取用。連結網址https://www.artyfactory.com/art_appreciation/animals_in_art/pablo_picasso.htm。

第七章：表達——秀出你的成果

1　奧克塔維亞・巴特勒（Octavia E. Butler）《血孩子和其他故事》（*Bloodchild and Other Stories: Positive Obsession*〔New York: Seven Stories, 2005〕），第123頁到136頁。

2　琳奈兒・喬治（Lynell George）《奧克塔維亞・巴特勒的世界》（*A Handful of Earth, A Handful of Sky: The World of Octavia Butler*〔Santa Monica: Angel City Press, 2020〕）。

3　丹・西恩（Dan Sheehan）〈奧克塔維亞・巴特勒終於打進《紐約時報》暢銷書排行榜〉（Octavia Butler has finally made the New York Times Best Seller list. LitHub.com, September 3, 2020）。連結網址https://lithub.com/octavia-butler-has-finally-made-the-new-york-times-best-seller-list/。

4　杭汀頓圖書館已自二〇一〇年起對研究者與學者開放巴特勒檔案庫。

5　黛博拉・巴羅（Deborah Barreau）和邦妮・納迪（Bonnie A. Nardi）〈發現與記憶：檔案組織法〉（Finding and Reminding: File Organization from the Desktop），*ACM SIGCHI Bulletin* 一九九五年第二十七卷第三期），第39頁到43頁。連結網址https://doi.org/10.1145/221296.221307。約瑟夫・麥斯維爾（Joseph A. Maxwell）〈書評：混合研究法的進展〉（Book Review:

Bergman, M. M. (Ed.). (2008). Advances in Mixed Method Research. Thousand Oaks, Ca: Sage），刊登於二〇〇九年《混合研究法期刊》（*Journal of Mixed Methods Research*）第三卷第四期，第411頁到413頁。連結網址https://doi.org/10.1177/1558689809339316。

6　威廉・瓊斯（William P. Jones）與蘇珊・杜梅斯（Susan T. Dumais）〈使用者介面的空間隱喻〉（The spatial metaphor for user interfaces: experimental tests of reference by location versus name），《ACM數位圖書館》（*ACM Digital Library*）一九八六年第四卷第一期。連結網址https://doi.org/10.1145/5401.5405。

7　亞當・薩維奇（Adam Savage）YouTube影片〈亞當・薩維奇的洞穴：電影模型製作〉，二十分二十六秒起。連結網址https://www.youtube.com/watch?v=vKRG6amACEE。

第八章：創意執行的藝術

1　丹尼・喬（Danny Choo）〈DIY：如何寫書〉（DIY: How to write a book），波音波音網站，二〇〇九年一月二十七日。連結網址https://boingboing.net/2009/01/27/diy-how-to-write-a-b.html。

第九章：數位組織者的基本習慣

1　丹・查納斯（Dan Charnas）《清爽的工作空間：各就各位組織法改變生活的力量》（暫譯，*Work Clean: The Life-Changing Power of Mise-en-Place to Organize Your Life, Work, and Mind.* 〔Emmaus, PA: Rodale Books, 2016〕）。

第十章：自我表達之道

1　琳恩・崔斯特（Lynne Twist）的著作《金錢的靈魂》（*The Soul of Money* 〔New York City: W. W. Norton & Company, 2017〕），第43頁。

打造第二大腦

作者	提亞戈·佛特
譯者	陳文和
商周集團執行長	郭奕伶
商業周刊出版部	
責任編輯	林雲
校對	呂佳真
封面設計	winder chen
內頁排版	邱介惠
圖片版權	11 Lithographs of the bull, 1945-1946 © Succession Picasso 2022
出版發行	城邦文化事業股份有限公司 商業周刊
地址	115020 台北市南港區昆陽街 16 號 6 樓
	電話：(02)2505-6789　傳真：(02)2503-6399
讀者服務專線	(02)2510-8888
商周集團網站服務信箱	mailbox@bwnet.com.tw
劃撥帳號	50003033
戶名	英屬蓋曼群島商家庭傳媒股份有限公司城邦分公司
網站	www.businessweekly.com.tw
香港發行所	城邦（香港）出版集團有限公司
	香港灣仔駱克道 193 號東超商業中心 1 樓
	電話：(852) 2508-6231　傳真：(852) 2578-9337
	E-mail：hkcite@biznetvigator.com
製版印刷	中原造像股份有限公司
總經銷	聯合發行股份有限公司 電話：(02) 2917-8022
初版 1 刷	2023 年 2 月
初版 11.5 刷	2024 年 6 月
定價	380 元
ISBN	978-626-7252-09-3（平裝）
EISBN	9786267252116（EPUB）／ 9786267252109（PDF）

BUILDING A SECOND BRAIN © 2022 by Tiago Forte
Complex Chinese translation copyright © 2023 by Business Weekly, a Division of Cite Publishing Ltd.
Published by arrangement with Writers House, LLC through Bardon-Chinese Media Agency
ALL RIGHTS RESERVED

版權所有·翻印必究
Printed in Taiwan（本書如有缺頁、破損或裝訂錯誤，請寄回更換）
商標聲明：本書所提及之各項產品，其權利屬各該公司所有。

國家圖書館出版品預行編目(CIP)資料

打造第二大腦/提亞戈.佛特(Tiago Forte)著；陳文和譯. -- 初版. -- 臺北
市: 城邦文化事業股份有限公司商業周刊, 2023.02
　　面 ; 17 × 22公分
譯自 : Building a second brain : a proven method to organize your
digital life and unlock your creative potential.
ISBN 978-626-7252-09-3(平裝)

1.CST: 創造力　2.CST: 知識管理

176.4　　　　　　　　　　　　　　　　111021206

藍學堂

學習・奇趣・輕鬆讀